FRIEDRICH VON SCHILLER

KABALE UND LIEBE

Ein bürgerliches Trauerspiel

Oscar Miranda

Mexikaner

D0499604

HAMBURGER LESEHEFTE VERLAG
HUSUM/NORDSEE

Worm - Nebenbuhler (competencia) Ferdinans
- Hat Interesse an Luise, da er auch bürgerliche ist.

Sophie - Kammerjungfer der Lady

Forst - tritt im stück nie persönlich auf.- Typischer absolustische Herrscher

Inhalt
- Ferdinad liebt Luise
- Beide Eltern mögen das nicht. (Ferdinad ≠ Lady)(L ≠ Wurm)
- Luise schreibt ein Brief an Ferdinan, sonst wird sie eingerichten (Wurm)

PERSONEN

PRÄSIDENT VON WALTER, am Hof eines deutschen Fürsten
FERDINAND, sein Sohn, Major - Präsident (seinen Sohn
HOFMARSCHALL VON KALB   gebracht hat)
LADY MILFORD, Favoritin des Fürsten arruinado
WURM, Haussekretär des Präsidenten
MILLER, Stadtmusikant oder, wie man sie an einigen Orten
nennt, Kunstpfeifer - Miller (seine einzige Tochter
DESSEN FRAU   verloren) duda
LUISE, dessen Tochter
SOPHIE, Kammerjungfer der Lady *zweitoff Ferdinan an seiner
Ein Kammerdiener des Fürsten Liebe zu Luise so stark,
Verschiedene Nebenpersonen dass er sie töte. Alle sein
      Misstrauen begründet war,
      dass der stirbt den Freitod. sin fundamento

* Präsident - Einflussreicher Adliger an dem
deutschen Fürstenhof.
- kann ernsthafte Beziehung seines Sohnes
mit einer Bürgerlichen nicht dulden.

* Ferdinan - Sohn des Präsidenten, ein Adliger,
der sich zum Zeitvertreib eine bürgerliche
Geliebte halten will, - sollte mit Lady Milford
verheiratet werden. - ○

* Kalb - Witzfigur, Karikator des Hofes nach
französichen Vorbild: überetrig, gehönsteltes
Gehabe, Wichtigtör, Garderobe und Parfüm (reiches,
aber geschmackloses Hofkleid, mit zwei Uhren und
einem Degen, chapeaubas und frisiert à la Hérisson)
- lächerlich

* Lady Milford - Einflussreich, Gefühl für Gerechtigkeit
und Verantwortung; einfluss auf den Herrscher

* Miller - Stadtmusikant (Kunstpfeiter)

* Luise - Bürger Allgemein: Unschuldig und ausgenutz
durch die gefühllosen und kalten Aristokraten.
- Moralisch. Hält sich an Eid, auch wenn dieser
erpresst worde. (typisch Sturm und Drang)

ERSTER AKT

ERSTE SZENE

Zimmer beim Musikus.

Miller steht eben vom Sessel auf und stellt seine Violoncell auf die Seite. An einem Tisch sitzt Frau Millerin noch im Nachtgewand und trinkt ihren Kaffee.

MILLER *(schnell auf und ab gehend).* Einmal für alle Mal. Der Handel wird ernsthaft. Meine Tochter kommt mit dem Baron ins Geschrei. Mein Haus wird verrufen. Der Präsident bekommt Wind, und – kurz und gut, ich biete dem Junker aus.

5 FRAU. Du hast ihn nicht in dein Haus geschwatzt – hast ihm deine Tochter nicht nachgeworfen.

MILLER. Hab ihn nicht in mein Haus geschwatzt – hab ihm 's Mädel nicht nachgeworfen; wer nimmt Notiz davon? – Ich war Herr im Haus. Ich hätt meine Tochter mehr coram nehmen sollen.

10 len. Ich hätt dem Major besser auftrumpfen sollen – oder hätt gleich alles Seiner Exzellenz dem Herrn Papa stecken sollen. Der junge Baron bringt's mit einem Wischer hinaus, das muss ich wissen, und alles Wetter kommt über den Geiger.

FRAU *(schlürft eine Tasse aus).* Possen! Geschwätz! Was kann

15 über dich kommen? Wer kann dir was anhaben? Du gehst deiner Profession nach und raffst Scholaren zusammen, wo sie zu kriegen sind.

MILLER. Aber, sag mir doch, was wird bei dem ganzen Kommerz auch herauskommen? – Nehmen kann er das Mädel nicht

20 – Vom Nehmen ist gar die Rede nicht, und zu einer dass Gott erbarm? – Guten Morgen! – Gelt, wenn so ein Musje von sich da und dort, und dort und hier schon herumbeholfen hat, wenn er, der Henker weiß was als? gelöst hat, schmeckt's meinem guten Schlucker freilich, einmal auf süß Wasser zu graben. Gib

25 du Acht! gib du Acht! und wenn du aus jedem Astloch ein Auge strecktest und vor jedem Blutstropfen Schildwache ständest, er wird sie, dir auf der Nase, beschwatzen, dem Mädel eins hinsetzen und führt sich ab, und das Mädel ist verschimpfiert auf ihr Leben lang, bleibt sitzen, oder hat 's Handwerk ver-

30 schmeckt, treibt's fort. *(Die Faust vor die Stirn.)* Jesus Christus!

FRAU. Gott behüt uns in Gnaden!

MILLER. Es hat sich zu behüten. Worauf kann so ein Windfuß wohl sonst sein Absehen richten? – Das Mädel ist schön –

schlank – führt seinen netten Fuß. Unterm Dach mag's aussehen, wie's will. Darüber guckt man bei euch Weibsleuten weg,
wenn's nur der liebe Gott parterre nicht hat fehlen lassen – Stö-
bert mein Springinsfeld erst noch dieses Kapitel aus – he da!
geht ihm ein Licht auf, wie meinem Rodney, wenn er die Witte- 5
rung eines Franzosen kriegt, und nun müssen alle Segel dran,
und drauflos, und – ich verdenk's ihm gar nicht. Mensch ist
Mensch. Das muss ich wissen.

FRAU. Solltest nur die wunderhübsche Billetter auch lesen, die
der gnädige Herr an deine Tochter als schreiben tut. Guter 10
Gott! Da sieht man's ja sonnenklar, wie es ihm pur um ihre
schöne Seele zu tun ist.

MILLER. Das ist die rechte Höhe! Auf den Sack schlagt man; den
Esel meint man. Wer einen Gruß an das liebe Fleisch zu bestellen hat, darf nur das gute Herz Boten gehen lassen. Wie hab 15
ich's gemacht? Hat man's nur erst so weit im Reinen, dass die
Gemüter topp machen, wutsch! nehmen die Körper ein Exempel; das Gesind macht's der Herrschaft nach, und der silberne
Mond ist am End nur der Kuppler gewesen.

FRAU. Sieh doch nur erst die prächtigen Bücher an, die der Herr 20
Major ins Haus geschafft haben. Deine Tochter betet auch immer draus.

MILLER *(pfeift)*. Hui da! Betet! Du hast den Witz davon. Die ro-
he Kraftbrühen der Natur sind Ihro Gnaden zartem Makro-
nenmagen noch zu hart. – Er muss sie erst in der höllischen Pes- 25
tilenzküche der Bellatristen künstlich aufkochen lassen. Ins
Feuer mit dem Quark. Da saugt mir das Mädel – weiß Gott, was
als für? – überhimmlische Alfanzereien ein, das läuft dann wie
spanische Mucken ins Blut und wirft mir die Hand voll Chris-
tentum noch gar auseinander, die der Vater mit knapper Not so 30
so noch zusammenhielt. Ins Feuer, sag ich. Das Mädel setzt sich
alles Teufelsgezeug in den Kopf; über all dem Herumschwän-
zen in der Schlaraffenwelt findet's zuletzt seine Heimat nicht
mehr, vergisst, schämt sich, dass sein Vater Miller der Geiger ist,
und verschlägt mir am End einen wackern ehrbaren Schwieger- 35
sohn, der sich so warm in meine Kundschaft hineingesetzt hätte – – Nein! Gott verdamm mich! *(Er springt auf, hitzig.)* Gleich
muss die Pastete auf den Herd, und dem Major – ja ja dem Major will ich weisen, wo Meister Zimmermann das Loch gemacht
hat. *(Er will fort.)* 40

FRAU. Sei artig, Miller. Wie manchen schönen Groschen haben
uns nur die Präsenter – –

MILLER *(kommt zurück und bleibt vor ihr stehen)*. Das Blutgeld

meiner Tochter? – Schier dich zum Satan, infame Kupplerin! –
Eh' will ich mit meiner Geig auf den Bettel herumziehen und
das Konzert um was Warmes geben – eh' will ich mein Violoncello zerschlagen und Mist im Sonanzboden führen, eh ich
mir's schmecken lass von dem Geld, das mein einziges Kind mit
Seel und Seligkeit abverdient. – Stell den vermaledeiten Kaffee
ein und das Tobakschnupfen, so brauchst du deiner Tochter
Gesicht nicht zu Markt zu treiben. Ich hab mich satt gefressen
und immer ein gutes Hemd auf dem Leib gehabt, eh so ein ver-
trackter Tausendsasa in meine Stube geschmeckt hat.

FRAU. Nur nicht gleich mit der Tür ins Haus. Wie du doch den
Augenblick in Feuer und Flammen stehst! Ich sprech ja nur,
man müss' den Herrn Major nicht disguschtüren, weil Sie des
Präsidenten Sohn sind.

MILLER. Da liegt der Has im Pfeffer. Darum, just eben darum
muss die Sach noch heut auseinander. Der Präsident muss es
mir Dank wissen, wenn er ein rechtschaffener Vater ist. Du
wirst mir meinen roten plüschenen Rock ausbürsten, und ich
werde mich bei Seiner Exzellenz anmelden lassen. Ich werde
sprechen zu Seiner Exzellenz: Dero Herr Sohn haben ein Aug
auf meine Tochter; meine Tochter ist zu schlecht zu Dero
Herrn Sohnes Frau, aber zu Dero Herrn Sohnes Hure ist meine Tochter zu kostbar, und damit basta! – Ich heiße Miller.

ZWEITE SZENE

Sekretär Wurm. Die Vorigen.

FRAU. Ah guten Morgen, Herr Sekertare. Hat man auch einmal
wieder das Vergnügen von Ihnen?

WURM. Meinerseits, meinerseits, Frau Base. Wo eine Kavaliers-
gnade einspricht, kommt mein bürgerliches Vergnügen in gar
keine Rechnung.

FRAU. Was Sie nicht sagen, Herr Sekertare! Des Herrn Majors
von Walter hohe Gnaden machen uns wohl je und je das Bläsier,
doch verachten wir darum niemand.

MILLER *(verdrüsslich)*. Dem Herrn einen Sessel, Frau. Wollens
ablegen, Herr Landsmann?

WURM *(legt Hut und Stock weg, setzt sich)*. Nun! Nun! und wie
befindet sich denn meine Zukünftige – oder Gewesene? – Ich
will doch nicht hoffen – kriegt man sie nicht zu sehen – Mamsell
Luisen?

FRAU. Danken der Nachfrage, Herr Sekertare. Aber meine Tochter ist doch gar nicht hochmütig.

MILLER *(ärgerlich, stößt sie mit dem Ellnbogen).* Weib!

FRAU. Bedauern's nur, dass sie die Ehre nicht haben kann vom Herrn Sekertare. Sie ist eben in die Mess, meine Tochter.

WURM. Das freut mich, freut mich. Ich werd einmal eine fromme christliche Frau an ihr haben.

FRAU *(lächelt dumm-vornehm).* Ja – aber, Herr Sekertare –

MILLER *(in sichtbarer Verlegenheit, kneipt sie in die Ohren).* Weib!

FRAU. Wenn Ihnen unser Haus sonst irgendwo dienen kann – Mit allem Vergnügen, Herr Sekertare –

WURM *(macht falsche Augen).* Sonst irgendwo! Schönen Dank! Schönen Dank! – Hem! hem! hem!

FRAU. Aber – wie der Herr Sekertare selber die Einsicht werden haben –

MILLER *(voll Zorn seine Frau vor den Hintern stoßend).* Weib!

FRAU. Gut ist gut, und besser ist besser, und einem einzigen Kind mag man doch auch nicht vor seinem Glück sein. *(Bäurisch-stolz.)* Sie werden mich je doch wohl merken, Herr Sekertare?

WURM *(rückt unruhig im Sessel, kratzt hinter den Ohren und zupft an Manschetten und Jabot).* Merken? Nicht doch – O ja – Wie meinen Sie denn?

FRAU. Nu – Nu – ich dächte nur – ich meine, *(hustet)* weil eben halt der liebe Gott meine Tochter barrdu zur gnädigen Madam will haben –

WURM *(fährt vom Stuhl).* Was sagen Sie da? Was?

MILLER. Bleiben sitzen! Bleiben sitzen, Herr Sekretarius. Das Weib ist eine alberne Gans. Wo soll eine gnädige Madam herkommen? Was für ein Esel streckt sein Langohr aus diesem Geschwätze?

FRAU. Schmäl du, solang du willst. Was ich weiß, weiß ich – und was der Herr Major gesagt hat, das hat er gesagt.

MILLER *(aufgebracht, springt nach der Geige).* Willst du dein Maul halten? Willst das Violoncello am Hirnkasten wissen? – Was kannst du wissen? Was kann er gesagt haben? – Kehren sich an das Geklatsch nicht, Herr Vetter – Marsch du in deine Küche – Werden mich doch nicht für des Dummkopfs leiblichen Schwager halten, dass ich obenaus woll mit dem Mädel? Werden doch das nicht von mir denken, Herr Sekretarius?

WURM. Auch hab ich es nicht um Sie verdient, Herr Musikmeister. Sie haben mich jederzeit den Mann von Wort sehen lassen, und meine Ansprüche auf Ihre Tochter waren so gut als unter-

schrieben. Ich habe ein Amt, das seinen guten Haushälter nähren kann, der Präsident ist mir gewogen, an Empfehlungen kann's nicht fehlen, wenn ich mich höher poussieren will. Sie sehen, dass meine Absichten auf Mamsell Luisen ernsthaft sind, wenn sie
5 vielleicht von einem adeligen Windbeutel herumgeholt – –

FRAU. Herr Sekertare Wurm! Mehr Respekt, wenn man bitten darf –

MILLER. Halt du dein Maul, sag ich – Lassen Sie es gut sein, Herr Vetter. Es bleibt beim Alten. Was ich Ihnen verwichenen
10 Herbst zum Bescheid gab, bring ich heut wieder. Ich zwinge meine Tochter nicht. Stehen Sie ihr an – wohl und gut, so mag sie zusehen, wie sie glücklich mit Ihnen wird. Schüttelt sie den Kopf – noch besser – – in Gottes Namen wollt' ich sagen – – so stecken Sie den Korb ein und trinken eine Bouteille mit dem
15 Vater – Das Mädel muss mit Ihnen leben – ich nicht – warum soll ich ihr einen Mann, den sie nicht schmecken kann, aus purem klarem Eigensinn an den Hals werfen? – Dass mich der böse Feind in meinen eisgrauen Tagen noch wie sein Wildbret herumhetze – dass ich's in jedem Glas Wein zu saufen – in jeder
20 Suppe zu fressen kriege: Du bist der Spitzbube, der sein Kind ruiniert hat!

FRAU. Und kurz und gut – ich geb meinen Konsens absolut nicht; meine Tochter ist zu was Hohem gemünzt, und ich lauf in die Gerichte, wenn mein Mann sich beschwatzen lässt.

25 MILLER. Willst du Arm und Bein entzwei haben, Wettermaul?

WURM *(zu Millern).* Ein väterlicher Rat vermag bei der Tochter viel, und hoffentlich werden Sie mich kennen, Herr Miller?

MILLER. Dass dich alle Hagel! 's Mädel muss Sie kennen. Was ich alter Knasterbart an Ihnen abgucke, ist just kein Fressen fürs
30 junge naschhafte Mädel. Ich will Ihnen aufs Haar hin sagen, ob Sie ein Mann fürs Orchester sind – aber eine Weiberseel ist auch für einen Kapellmeister zu spitzig. – Und dann von der Brust weg, Herr Vetter – ich bin halt ein plumper gerader teutscher Kerl – für meinen Rat würden Sie sich zuletzt wenig bedanken.
35 Ich rate meiner Tochter zu keinem – aber Sie missrat ich meiner Tochter, Herr Sekretarius. Lassen mich ausreden. Einem Liebhaber, der den Vater zu Hilfe ruft, trau ich – erlauben Sie – keine hohle Haselnuss zu. Ist er was, so wird er sich schämen, seine Talente durch diesen altmodischen Kanal vor seine Liebste zu
40 bringen – Hat er 's Courage nicht, so ist er ein Hasenfuß, und für den sind keine Luisen gewachsen – – Da! hinter dem Rücken des Vaters muss er sein Gewerb an die Tochter bestellen. Machen muss er, dass das Mädel lieber Vater und Mutter zum Teufel

wünscht, als ihn fahren lässt – oder selber kommt, dem Vater zu
Füßen sich wirft und sich um Gottes willen den schwarzen gel-
ben Tod oder den Herzeinzigen ausbittet. – Das nenn ich einen
Kerl! Das heißt lieben! – und wer's bei dem Weibsvolk nicht so
weit bringt, der soll – – auf seinem Gänsekiel reiten.   5

WURM *(greift nach Hut und Stock und zum Zimmer hinaus).*
Obligation, Herr Miller.

MILLER *(geht ihm langsam nach).* Für was? Für was? Haben Sie
ja doch nichts genossen, Herr Sekretarius. *(Zurückkommend.)*
Nichts hört er und hin zieht er – – Ist mir's doch wie Gift und   10
Operment, wenn ich den Federfuchser zu Gesichte krieg. Ein
konfiszierter widriger Kerl, als hätt ihn irgendein Schleich-
händler in die Welt meines Herrgotts hineingeschachert – Die
kleinen tückischen Mausaugen – die Haare brandrot – das Kinn
herausgequollen, gerade als wenn die Natur für purem Gift   15
über das verhunzte Stück Arbeit meinen Schlingel da angefasst
und in irgendeine Ecke geworfen hätte – Nein! Eh ich meine
Tochter an so einen Schuft wegwerfe, lieber soll sie mir – Gott
verzeih mir's –

FRAU *(spuckt aus, giftig).* Der Hund! – Aber man wird dir's Maul   20
sauber halten.

MILLER. Du aber auch mit deinem pestilenzialischen Junker –
Hast mich vorhin auch so in Harnisch gebracht – Bist doch nie
dummer, als wenn du um Gottes willen gescheit sein solltest.
Was hat das Geträtsch von einer gnädigen Madam und deiner   25
Tochter da vorstellen sollen? Das ist mir der Alte. Dem muss
man so was an die Nase heften, wenn's morgen am Marktbrun-
nen ausgeschellt sein soll. Das ist just so ein Musje, wie sie in der
Leute Häusern herumriechen, über Keller und Koch räsonnieren, und springt einem ein nasenweises Wort übers Maul –   30
Bumbs! haben's Fürst und Matress und Präsident, und du hast
das siedende Donnerwetter am Halse.

DRITTE SZENE

Luise Millerin kommt, ein Buch in der Hand. Vorige.

LUISE *(legt das Buch nieder, geht zu Millern und drückt ihm die
Hand).* Guten Morgen, lieber Vater.

MILLER *(warm).* Brav, meine Luise – Freut mich, dass du so   35
fleißig an deinen Schöpfer denkst. Bleib immer so, und sein
Arm wird dich halten.

LUISE. O ich bin eine schwere Sünderin, Vater – War er da, Mutter?

FRAU. Wer, mein Kind?

LUISE. Ah! ich vergaß, dass es noch außer ihm Menschen gibt –
5 Mein Kopf ist so wüste – Er war nicht da? Walter?

MILLER *(traurig und ernsthaft)*. Ich dachte, meine Luise hätte den Namen in der Kirche gelassen?

LUISE *(nachdem sie ihn eine Zeit lang starr angesehen)*. Ich versteh Ihn, Vater – fühle das Messer, das Er in mein Gewissen
10 stößt; aber es kommt zu spät. – Ich hab keine Andacht mehr, Vater – der Himmel und Ferdinand reißen an meiner blutenden Seele, und ich fürchte – ich fürchte – *(Nach einer Pause.)* Doch nein, guter Vater. Wenn wir ihn über dem Gemälde vernachlässigen, findet sich ja der Künstler am feinsten gelobt. – Wenn
15 meine Freude über sein Meisterstück mich ihn selbst übersehen macht, Vater, muss das Gott nicht ergötzen?

MILLER *(wirft sich unmutig in den Stuhl)*. Da haben wir's! Das ist die Frucht von dem gottlosen Lesen.

LUISE *(tritt unruhig an ein Fenster)*. Wo er wohl jetzt ist? – Die
20 vornehmen Fräulein, die ihn sehen – ihn hören – – ich bin ein schlechtes vergessenes Mädchen. *(Erschrickt an dem Wort und stürzt ihrem Vater zu.)* Doch nein! nein! verzeih Er mir. Ich beweine mein Schicksal nicht. Ich will ja nur wenig – – an ihn denken – das kostet ja nichts. Dies bisschen Leben – dürft ich es hin-
25 hauchen in ein leises schmeichelndes Lüftchen, sein Gesicht abzukühlen! – Dies Blümchen Jugend – wär es ein Veilchen, und er träte drauf, und es dürfte bescheiden unter ihm sterben! – Damit genügte mir, Vater. Wenn die Mücke in ihren Strahlen sich sonnt – kann sie das strafen, die stolze majestätische Sonne?

30 MILLER *(beugt sich gerührt an die Lehne des Stuhls und bedeckt das Gesicht)*. Höre, Luise – das bissel Bodensatz meiner Jahre, ich gäb es hin, hättest du den Major nie gesehen.

LUISE *(erschrocken)*. Was sagt Er da? Was? – Nein! er meint es anders, der gute Vater. Er wird nicht wissen, dass Ferdinand
35 mein ist, mir geschaffen, mir zur Freude vom Vater der Liebenden. *(Sie steht nachdenkend.)* Als ich ihn das erste Mal sah – *(rascher)* und mir das Blut in die Wangen stieg, froher jagten alle Pulse, jede Wallung sprach, jeder Atem lispelte: Er ist's, – und mein Herz den Immermangelnden erkannte, bekräftigte, Er
40 ist's, und wie das widerklang durch die ganze mitfreuende Welt. Damals – o damals ging in meiner Seele der erste Morgen auf. Tausend junge Gefühle schossen aus meinem Herzen, wie die Blumen aus dem Erdreich, wenn's Frühling wird. Ich sah

keine Welt mehr, und doch besinn ich mich, dass sie niemals so schön war. Ich wusste von keinem Gott mehr, und doch hatt' ich ihn nie so geliebt.

MILLER *(eilt auf sie zu, drückt sie wider seine Brust)*. Luise – teures – herrliches Kind – Nimm meinen alten mürben Kopf – nimm alles – alles! – den Major – Gott ist mein Zeuge – ich kann dir ihn nimmer geben. *(Er geht ab.)*

LUISE. Auch will ich ihn ja jetzt nicht, mein Vater. Dieser karge Tautropfe Zeit – schon ein Traum von Ferdinand trinkt ihn wollüstig auf. Ich entsag ihm für dieses Leben. Dann, Mutter – dann, wenn die Schranken des Unterschieds einstürzen – wenn von uns abspringen all die verhasste Hülsen des Standes – Menschen nur Menschen sind – Ich bringe nichts mit mir als meine Unschuld, aber der Vater hat ja so oft gesagt, dass der Schmuck und die prächtigen Titel wohlfeil werden, wenn Gott kommt, und die Herzen im Preise steigen. Ich werde dann reich sein. Dort rechnet man Tränen für Triumphe und schöne Gedanken für Ahnen an. Ich werde dann vornehm sein, Mutter – Was hätte er dann noch für seinem Mädchen voraus?

FRAU *(fährt in die Höhe)*. Luise! Der Major! Er spring über die Planke. Wo verberg ich mich doch?

LUISE *(fängt an zu zittern)*. Bleib Sie doch, Mutter.

FRAU. Mein Gott! Wie seh ich aus! Ich muss mich ja schämen. Ich darf mich nicht vor Seiner Gnaden so sehen lassen. *(Ab.)*

VIERTE SZENE

Ferdinand von Walter. Luise.

Er fliegt auf sie zu – sie sinkt entfärbt und matt auf einen Sessel – er bleibt vor ihr stehn – sie sehen sich eine Zeit lang stillschweigend an. Pause.

FERDINAND. Du bist blass, Luise?

LUISE *(steht auf und fällt ihm um den Hals)*. Es ist nichts. Nichts. Du bist ja da. Es ist vorüber.

FERDINAND *(ihre Hand nehmend und zum Munde führend)*. Und liebt mich meine Luise noch? Mein Herz ist das gestrige, ist's auch das deine noch? Ich fliege nur her, will sehn, ob du heiter bist, und gehn und es auch sein – du bist's nicht.

LUISE. Doch, doch, mein Geliebter.

FERDINAND. Rede mir Wahrheit. Du bist's nicht. Ich schaue

durch deine Seele wie durch das klare Wasser dieses Brillanten. *(Er zeigt auf seinen Ring.)* Hier wirft sich kein Bläschen auf, das ich nicht merkte – kein Gedanke tritt in dies Angesicht, der mir entwischte. Was hast du? Geschwind! Weiß ich nur diesen Spiegel

5 helle, so läuft keine Wolke über die Welt. Was bekümmert dich?

LUISE *(sieht ihn eine Weile stumm und bedeutend an, dann mit Wehmut).* Ferdinand! Ferdinand! Dass du doch wüsstest, wie schön in dieser Sprache das bürgerliche Mädchen sich ausnimmt –

10 FERDINAND. Was ist das? *(Befremdet.)* Mädchen! Höre! Wie kommst du auf das? – Du bist meine Luise! Wer sagt dir, dass du noch etwas sein solltest? Siehst du, Falsche, auf welchem Kaltsinn ich dir begegnen muss. Wärest du ganz nur Liebe für mich, wann hättest du Zeit gehabt, eine Vergleichung zu machen?

15 Wenn ich bei dir bin, zerschmilzt meine Vernunft in einen Blick – in einen Traum von dir, wenn ich weg bin, und du hast noch eine Klugheit neben deiner Liebe? – Schäme dich! Jeder Augenblick, den du an diesen Kummer verlorst, war deinem Jüngling gestohlen.

20 LUISE *(fasst seine Hand, indem sie den Kopf schüttelt).* Du willst mich einschläfern, Ferdinand – willst meine Augen von diesem Abgrund hinweglocken, in den ich ganz gewiss stürzen muss. Ich seh in die Zukunft – die Stimme des Ruhms – deine Entwürfe – dein Vater – mein Nichts. *(Erschrickt und lässt plötzlich*

25 *seine Hand fahren.)* Ferdinand! ein Dolch über dir und mir! – Man trennt uns!

FERDINAND. Trennt uns! *(Er springt auf.)* Woher bringst du diese Ahndung, Luise? Trennt uns? – Wer kann den Bund zwoer Herzen lösen oder die Töne eines Akkords auseinander

30 reißen? – Ich bin ein Edelmann – Lass doch sehen, ob mein Adelbrief älter ist als der Riss zum unendlichen Weltall? oder mein Wappen gültiger als die Handschrift des Himmels in Luisens Augen: Dieses Weib ist für diesen Mann? – Ich bin des Präsidenten Sohn. Eben darum. Wer als die Liebe kann mir die

35 Flüche versüßen, die mir der Landeswucher meines Vaters vermachen wird?

LUISE. Oh, wie sehr fürcht ich ihn – diesen Vater!

FERDINAND. Ich fürchte nichts – nichts – als die Grenzen deiner Liebe. Lass auch Hindernisse wie Gebürge zwischen uns treten,

40 ich will sie für Treppen nehmen und drüber hin in Luisens Arme fliegen. Die Stürme des widrigen Schicksals sollen meine Empfindung emporblasen, G e f a h r e n werden meine Luise nur reizender machen. – Also nichts mehr von Furcht, meine Liebe. Ich

selbst – ich will über dir wachen wie der Zauberdrach über unterirdischem Golde – Mir vertraue dich. Du brauchst keinen
Engel mehr – Ich will mich zwischen dich und das Schicksal werfen – empfangen für dich jede Wunde – auffassen für dich jeden
Tropfen aus dem Becher der Freude – dir ihn bringen in der Scha-   5
le der Liebe. *(Sie zärtlich umfassend.)* An diesem Arm soll meine
Luise durchs Leben hüpfen, schöner als er dich von sich ließ, soll
der Himmel dich wiederhaben und mit Verwunderung einge-
stehn, dass nur die Liebe die letzte Hand an die Seelen legte –

LUISE *(drückt ihn von sich, in großer Bewegung).* Nichts mehr!   10
Ich bitte dich, schweig! – Wüsstest du – Lass mich – du weißt
nicht, dass deine Hoffnungen mein Herz wie Furien anfallen.
(Will fort.)

FERDINAND *(hält sie auf).* Luise? Wie! Was! Welche Anwand-
lung?   15

LUISE. Ich hatte diese Träume vergessen und war glücklich –
Jetzt! Jetzt! Von heut an – der Friede meines Lebens ist aus –
Wilde Wünsche – ich weiß es – werden in meinem Busen rasen.
– Geh – Gott vergebe dir's – Du hast den Feuerbrand in mein
junges friedsames Herz geworfen, und er wird nimmer, nimmer   20
gelöscht werden. *(Sie stürzt hinaus. Er folgt ihr sprachlos nach.)*

FÜNFTE SZENE

Saal beim Präsidenten.

*Der Präsident, ein Ordenskreuz um den Hals, einen Stern
an der Seite, und Sekretär Wurm treten auf.*

PRÄSIDENT. Ein ernsthaftes Attachement! Mein Sohn? – Nein,
Wurm, das macht Er mich nimmermehr glauben.

WURM. Ihro Exzellenz haben die Gnade, mir den Beweis zu befehlen.   25

PRÄSIDENT. Dass er der Bürgercanaille den Hof macht – Flat-
terien sagt – auch meinetwegen Empfindungen vorplaudert –
Das sind lauter Sachen, die ich möglich finde – verzeihlich finde
– aber – und noch gar die Tochter eines Musikus, sagt Er?

WURM. Musikmeister Millers Tochter.

PRÄSIDENT. Hübsch? – Zwar das versteht sich.   30

WURM *(lebhaft).* Das schönste Exemplar einer Blondine, die,
nicht zu viel gesagt, neben den ersten Schönheiten des Hofes
noch Figur machen würde.

PRÄSIDENT *(lacht)*. Er sagt mir, Wurm – Er habe ein Aug auf
das Ding – das find ich. Aber sieht Er, mein lieber Wurm – dass
mein Sohn Gefühl für das Frauenzimmer hat, macht mir Hoffnung, dass ihn die Damen nicht hassen werden. Er kann bei Hof
5 etwas durchsetzen. Das Mädchen ist s c h ö n, sagt Er, das gefällt mir an meinem Sohn, dass er G e s c h m a c k hat. Spiegelt er
der Närrin solide Absichten vor? Noch besser – so seh ich, dass
er W i t z genug hat, in seinen Beutel zu lügen. Er kann P r ä s i-
d e n t werden. Setzt er es noch dazu durch? Herrlich! das zeigt
10 mir an, dass er G l ü c k hat. – Schließt sich die Farce mit einem
gesunden Enkel – Unvergleichlich! so trink ich auf die guten
Aspekten meines Stammbaums eine Bouteille Malaga mehr und
bezahle die Skortationsstrafe für seine Dirne.

WURM. Alles, was ich wünsche, Ihr' Exzellenz, ist, dass Sie nicht
15 nötig haben möchten, diese Bouteille zu Ihrer Z e r s t r e u u n g
zu trinken.

PRÄSIDENT *(ernsthaft)*. Wurm, besinn Er sich, dass ich, wenn
ich einmal glaube, hartnäckig glaube, rase, wenn ich zürne – Ich
will einen Spaß daraus machen, dass Er mich aufhetzen wollte.
20 Dass Er sich seinen Nebenbuhler gern vom Hals geschafft hätte,
glaub ich Ihm herzlich gern. Da Er meinen Sohn bei dem
Mädchen auszustechen Mühe haben möchte, soll Ihm der
Vater zur Fliegenklatsche dienen, das find ich wieder begreiflich – und dass Er einen so herrlichen Ansatz zum Schelmen hat,
25 entzückt mich sogar – Nur, mein lieber Wurm, muss Er mich
nicht mitprellen wollen. – Nur, versteht Er mich, muss Er den
Pfiff nicht bis zum Einbruch in meine Grundsätze treiben.

WURM. Ihro Exzellenz verzeihen. Wenn auch wirklich – wie Sie
argwohnen – die Eifersucht hier im Spiel sein sollte, so wäre sie
30 es wenigstens nur mit den Augen und nicht mit der Zunge.

PRÄSIDENT. Und ich dächte, sie bliebe ganz weg. Dummer
Teufel, was verschlägt es denn Ihm, ob Er die Karolin frisch aus
der Münze oder vom Bankier bekommt. Tröst Er sich mit dem
hiesigen Adel; – Wissentlich oder nicht – bei uns wird selten ei-
35 ne Mariage geschlossen, wo nicht wenigstens ein halb Dutzend
der Gäste – oder der Aufwärter – das Paradies des Bräutigams
geometrisch ermessen kann.

WURM *(verbeugt sich)*. Ich mache hier gern den Bürgersmann,
gnädiger Herr.

40 PRÄSIDENT. Überdies kann Er mit nächstem die Freude haben,
seinem Nebenbuhler den Spott auf die schönste Art heimzuge-
ben. Eben jetzt liegt der Anschlag im Kabinett, dass, auf die
Ankunft der neuen Herzogin, Lady Milford zum Schein den

Abschied erhalten und, den Betrug vollkommen zu machen, eine Verbindung eingehen soll. Er weiß, Wurm, wie sehr sich mein Ansehen auf den Einfluss der Lady stützt – wie überhaupt meine mächtigsten Springfedern in die Wallungen des Fürsten hineinspielen. Der Herzog sucht eine Partie für die Milford. Ein anderer kann sich melden – den Kauf schließen, mit der Dame das Vertrauen des Fürsten anreißen, sich ihm unentbehrlich machen. – Damit nun der Fürst im Netz meiner Familie bleibe, soll mein Ferdinand die Milford heuraten – – Ist Ihm das helle?

WURM. Dass mich die Augen beißen – – Wenigstens bewies der Präsident hier, dass der Vater nur ein Anfänger gegen ihn ist. Wenn der Major Ihnen ebenso den gehorsamen Sohn zeigt, als Sie ihm den zärtlichen Vater, so dörfte Ihre Anfoderung mit Protest zurückkommen.

PRÄSIDENT. Zum Glück war mir noch nie für die Ausführung eines Entwurfes bang, wo ich mich mit einem: Es soll so sein, einstellen konnte. – Aber seh Er nun, Wurm, das hat uns wieder auf den vorigen Punkt geleitet. Ich kündige meinem Sohn noch diesen Vormittag seine Vermählung an. Das Gesicht, das er mir zeigen wird, soll Seinen Argwohn entweder rechtfertigen oder ganz widerlegen.

WURM. Gnädiger Herr, ich bitte sehr um Vergebung. Das finstre Gesicht, das er Ihnen ganz zuverlässig zeigt, lässt sich ebenso gut auf die Rechnung der Braut schreiben, die Sie ihm zuführen, als derjenigen, die Sie ihm nehmen. Ich ersuche Sie um eine schärfere Probe. Wählen Sie ihm die untadeligste Partie im Land, und sagt er ja, so lassen Sie den Sekretär Wurm drei Jahre Kugeln schleifen.

PRÄSIDENT *(beißt die Lippen)*. Teufel!

WURM. Es ist nicht anders. Die Mutter – die Dummheit selbst – hat mir in der Einfalt zu viel geplaudert.

PRÄSIDENT *(geht auf und nieder, presst seinen Zorn zurück)*. Gut! Diesen Morgen noch.

WURM. Nur vergessen Euer Exzellenz nicht, dass der Major – der Sohn meines Herrn ist.

PRÄSIDENT. Er soll geschont werden, Wurm.

WURM. Und dass der Dienst, Ihnen von einer unwillkommenen Schwiegertochter zu helfen –

PRÄSIDENT. Den Gegendienst wert ist, Ihm zu einer Frau zu helfen? – Auch das, Wurm.

WURM *(bückt sich vergnügt)*. Ewig der Ihrige, gnädiger Herr. *(Er will gehen.)*

PRÄSIDENT. Was ich Ihm vorhin vertraut habe, Wurm! *(Drohend)* Wenn Er plaudert –

WURM *(lacht)*. So zeigen Ihr' Exzellenz meine falschen Hand-
schriften auf. *(Er geht ab.)*
PRÄSIDENT. Zwar du bist mir gewiss. Ich halte dich an deiner
eigenen Schurkerei, wie den Schröter am Faden!
5 EIN KAMMERDIENER *(tritt herein)*. Hofmarschall von Kalb –
PRÄSIDENT. Kommt wie gerufen. – Er soll mir angenehm sein.
(Kammerdiener geht.)

SECHSTE SZENE

*Hofmarschall von Kalb, in einem reichen, aber geschmack-
losen Hofkleid, mit Kammerherrnschlüsseln, zwei Uhren und
einem Degen, Chapeaubas und frisiert à la Hérisson. Er fliegt mit
großem Gekreisch auf den Präsidenten zu und breitet einen
Bisamgeruch über das ganze Parterre. Präsident.*

HOFMARSCHALL *(ihn umarmend)*. Ah guten Morgen, mein
Bester! Wie geruht? Wie geschlafen? – Sie verzeihen doch, dass
10 ich so spät das Vergnügen habe – dringende Geschäfte – der
Küchenzettel – Visitenbilletts – das Arrangement der Partien
auf die heutige Schlittenfahrt – Ah – und denn musst' ich ja auch
bei dem Lever zugegen sein und Seiner Durchleucht das Wetter
verkündigen.
15 PRÄSIDENT. Ja, Marschall. Da haben Sie freilich nicht abkom-
men können.
HOFMARSCHALL. Obendrein hat mich ein Schelm von
Schneider noch sitzen lassen.
PRÄSIDENT. Und doch fix und fertig?
20 HOFMARSCHALL. Das ist noch nicht alles. – Ein Malheur jagt
heut das andere. Hören Sie nur.
PRÄSIDENT *(zerstreut)*. Ist das möglich?
HOFMARSCHALL. Hören Sie nur. Ich steige kaum aus dem
Wagen, so werden die Hengste scheu, stampfen und schlagen
25 aus, dass mir – ich bitte Sie! – der Gassenkot über und über an
die Beinkleider sprützt. Was anzufangen? Setzen Sie sich um
Gottes willen in meine Lage, Baron. Da stand ich. Spät war es.
Eine Tagreise ist es – und in dem Aufzug vor Seine Durchleucht! Gott der Gerechte! – Was fällt mir bei? Ich fingiere eine
30 Ohnmacht. Man bringt mich über Hals und Kopf in die Kut-
sche. Ich in voller Karriere nach Haus – wechsle die Kleider –
fahre zurück – Was sagen Sie? – und bin noch der erste in der
Antichambre – Was denken Sie?

PRÄSIDENT. Ein herrliches Impromptu des menschlichen Witzes – Doch das beiseite, Kalb – Sie sprachen also schon mit dem
Herzog?

HOFMARSCHALL *(wichtig)*. Zwanzig Minuten und eine halbe.

PRÄSIDENT. Das gesteh ich! – und wissen mir also ohne Zwei-   5
fel eine wichtige Neuigkeit?

HOFMARSCHALL *(ernsthaft nach einigem Stillschweigen)*.
Seine Durchleucht haben heute einen Merde d'Oye-Biber an.

PRÄSIDENT. Man denke – Nein, Marschall, so hab ich doch eine bessere Zeitung für Sie – dass Lady Milford Majorin von   10
Walter wird, ist Ihnen gewiss etwas Neues?

HOFMARSCHALL. Denken Sie! – Und das ist schon richtig gemacht?

PRÄSIDENT. Unterschrieben, Marschall – und Sie verbin-
den mich, wenn Sie ohne Aufschub dahingehen, die Lady auf   15
seinen Besuch präparieren und den Entschluss meines Ferdinands in der ganzen Residenz bekannt machen.

HOFMARSCHALL *(entzückt)*. O mit tausend Freuden, mein
Bester – Was kann mir erwünschter kommen? – Ich fliege sogleich – *(Umarmt ihn.)* Leben Sie wohl – In drei Viertelstunden   20
weiß es die ganze Stadt. *(Hüpft hinaus.)*

PRÄSIDENT *(lacht dem Marschall nach)*. Man sage noch, dass
diese Geschöpfe in der Welt zu nichts taugen – – Nun muss ja
mein Ferdinand wollen, oder die ganze Stadt hat gelogen. *(Klingelt – Wurm kommt.)* Mein Sohn soll hereinkommen. *(Wurm*   25
geht ab. Der Präsident auf und nieder, gedankenvoll.)

SIEBENTE SZENE

Ferdinand. Der Präsident. Wurm, welcher gleich abgeht.

FERDINAND. Sie haben befohlen, gnädiger Herr Vater –

PRÄSIDENT. Leider muss ich das, wenn ich meines Sohns einmal froh werden will – Lass Er uns allein, Wurm. – Ferdinand,
ich beobachte dich schon eine Zeit lang und finde die offene ra-   30
sche Jugend nicht mehr, die mich sonst so entzückt hat. Ein
seltsamer Gram brütet auf deinem Gesicht – Du fliehst mich –
Du fliehst deine Zirkel – Pfui! – Deinen Jahren verzeiht man
zehn Ausschweifungen vor einer einzigen Grille. Überlass diese mir, lieber Sohn. Mich lass an deinem Glück arbeiten, und   35
denke auf nichts, als in meine Entwürfe zu spielen. – Komm!
Umarme mich, Ferdinand!

FERDINAND. Sie sind heute sehr gnädig, mein Vater.

PRÄSIDENT. Heute, du Schalk – und dieses Heute noch mit der
herben Grimasse? *(Ernsthaft.)* Ferdinand! – Wem zulieb hab ich
die gefährliche Bahn zum Herzen des Fürsten betreten? Wem

5 zulieb bin ich auf ewig mit meinem Gewissen und dem Himmel
zerfallen? – Höre, Ferdinand – (Ich spreche mit meinem Sohn) –
Wem hab ich durch die Hinwegräumung meines Vorgängers
Platz gemacht – eine Geschichte, die desto blutiger in mein In-
wendiges schneidet, je sorgfältiger ich das Messer der Welt ver-

10 berge. Höre. Sage mir, Ferdinand: Wem tat ich dies alles?

FERDINAND *(tritt mit Schrecken zurück)*. Doch mir nicht,
mein Vater? Doch auf mich soll der blutige Widerschein dieses
Frevels nicht fallen? Beim allmächtigen Gott! Es ist besser, gar
nicht geboren sein, als dieser Missetat zur Ausrede dienen.

15 PRÄSIDENT. Was war das? Was? Doch! ich will es dem Roma-
nenkopfe zugut halten – Ferdinand – ich will mich nicht erhit-
zen, vorlauter Knabe – Lohnst du mir also für meine schlaflo-
sen Nächte? Also für meine rastlose Sorge? Also für den ewigen Skorpion meines Gewissens? – Auf mich fällt die Last der

20 Verantwortung – auf mich der Fluch, der Donner des Richters
– Du empfängst dein Glück von der zweiten Hand – das Verbrechen klebt nicht am Erbe.

FERDINAND *(streckt die rechte Hand gen Himmel)*. Feierlich
entsag ich hier einem Erbe, das mich nur an einen abscheulichen

25 Vater erinnert.

PRÄSIDENT. Höre, junger Mensch, bringe mich nicht auf. –
Wenn es nach deinem Kopfe ginge, du kröchest dein Leben lang
im Staube.

FERDINAND. Oh, immer noch besser, Vater, als ich kröch um

30 den Thron herum.

PRÄSIDENT *(verbeißt seinen Zorn)*. Hum! – Zwingen muss
man dich, dein Glück zu erkennen. Wo zehn andre mit aller
Anstrengung nicht hinaufklimmen, wirst du spielend, im Schla-
fe gehoben. Du bist im zwölften Jahre Fähndrich. Im zwanzigs-

35 ten Major. Ich hab es durchgesetzt beim Fürsten. Du wirst die
Uniform ausziehen und in das Ministerium eintreten. Der
Fürst sprach vom Geheimenrat – Gesandtschaften – außeror-
dentlichen Gnaden. Eine herrliche Aussicht dehnt sich vor dir.
– Die ebene Straße zunächst nach dem Throne – zum Throne

40 selbst, wenn anders die Gewalt so viel wert ist als ihre Zeichen –
das begeistert dich nicht?

FERDINAND. Weil meine Begriffe von Größe und Glück nicht
ganz die Ihrigen sind – Ihre Glückseligkeit macht sich nur sel-

ten anders als durch Verderben bekannt. Neid, Furcht, Verwünschung sind die traurigen Spiegel, worin sich die Hoheit eines Herrschers belächelt. – Tränen, Flüche, Verzweiflung die entsetzliche Mahlzeit, woran diese gepriesenen Glücklichen schwelgen, von der sie betrunken aufstehen und so in die Ewigkeit vor den Thron Gottes taumeln – Mein Ideal von Glück zieht sich genügsamer in mich selbst zurück. In meinem H e r z e n liegen alle meine Wünsche begraben. –

PRÄSIDENT. Meisterhaft! Unverbesserlich! Herrlich! Nach dreißig Jahren die erste Vorlesung wieder! – Schade nur, dass mein fünfzigjähriger Kopf zu zäh für das Lernen ist! – Doch – dies seltne Talent nicht einrosten zu lassen, will ich dir jemand an die Seite geben, bei dem du dich in dieser buntscheckigen Tollheit nach Wunsch exerzieren kannst. – Du wirst dich entschließen – noch heute entschließen – eine Frau zu nehmen.

FERDINAND *(tritt bestürzt zurück)*. Mein Vater?

PRÄSIDENT. Ohne Komplimente – Ich habe der Lady Milford in d e i n e m Namen eine Karte geschickt. Du wirst dich ohne Aufschub bequemen, dahin zu gehen und ihr zu sagen, dass du ihr Bräutigam bist.

FERDINAND. D e r Milford, mein Vater?

PRÄSIDENT. Wenn sie dir bekannt ist –

FERDINAND *(außer Fassung)*. Welcher Schandsäule im Herzogtum ist sie das nicht! – Aber ich bin wohl lächerlich, lieber Vater, dass ich Ihre Laune für Ernst aufnehme? Würden Sie V a t e r zu dem S c h u r k e n S o h n e sein wollen, der eine privilegierte Buhlerin heuratete?

PRÄSIDENT. Noch mehr. Ich würde selbst um sie werben, wenn sie einen Fünfziger möchte – Würdest du zu dem S c h u r - k e n V a t e r nicht S o h n sein wollen?

FERDINAND. Nein! So wahr Gott lebt!

PRÄSIDENT. Eine Frechheit, bei meiner Ehre! die ich ihrer Seltenheit wegen vergebe –

FERDINAND. Ich bitte Sie, Vater! lassen Sie mich nicht länger in einer Vermutung, wo es mir unerträglich wird, mich Ihren Sohn zu nennen.

PRÄSIDENT. Junge, bist du toll? Welcher Mensch von Vernunft würde nicht nach der Distinktion geizen, mit seinem Landesherrn an einem dritten Orte zu wechseln?

FERDINAND. Sie werden mir zum Rätsel, mein Vater. D i s - t i n k t i o n nennen Sie es – Distinktion, da mit dem Fürsten zu teilen, wo er auch unter den M e n s c h e n hinunterkriecht?

PRÄSIDENT *(schlägt ein Gelächter auf)*.

FERDINAND. Sie können lachen – und ich will über das hinweggehen, Vater. Mit welchem Gesicht soll ich vor den schlechtesten Handwerker treten, der mit seiner Frau wenigstens doch einen ganzen Körper zum Mitgift bekommt? Mit welchem Gesicht vor die Welt? Vor die Fürsten? Mit welchem vor die Buhlerin selbst, die den Brandflecken ihrer Ehre in meiner Schande auswaschen würde?

PRÄSIDENT. Wo in aller Welt bringst du das Maul her, Junge?

FERDINAND. Ich beschwöre Sie bei Himmel und Erde! Vater, Sie können durch diese Hinwerfung Ihres einzigen Sohnes so glücklich nicht werden, als Sie ihn unglücklich machen. Ich gebe Ihnen mein Leben, wenn das Sie steigen machen kann. Mein Leben hab ich von Ihnen; ich werde keinen Augenblick anstehen, es ganz Ihrer Größe zu opfern. – Meine Ehre, Vater – wenn Sie mir diese nehmen, so war es ein leichtfertiges Schelmenstück, mir das Leben zu geben, und ich muss den Vater wie den Kuppler verfluchen.

PRÄSIDENT (*freundlich, indem er ihn auf die Achsel klopft*). Brav, lieber Sohn. Jetzt seh ich, dass du ein ganzer Kerl bist und der besten Frau im Herzogtum würdig. – Sie soll dir werden – Noch diesen Mittag wirst du dich mit der Gräfin von Ostheim verloben.

FERDINAND (*aufs Neue betreten*). Ist diese Stunde bestimmt, mich ganz zu zerschmettern?

PRÄSIDENT (*einen laurenden Blick auf ihn werfend*). Wo doch hoffentlich deine Ehre nichts einwenden wird?

FERDINAND. Nein, mein Vater. Friederike von Ostheim könnte jeden andern zum Glücklichsten machen. (*Vor sich, in höchster Verwirrung.*) Was seine Bosheit an meinem Herzen noch ganz ließ, zerreißt seine Güte.

PRÄSIDENT (*noch immer kein Aug von ihm wendend*). Ich warte auf deine Dankbarkeit, Ferdinand –

FERDINAND (*stürzt auf ihn zu und küsst ihm feurig die Hand*). Vater! Ihre Gnade entflammt meine ganze Empfindung – Vater! meinen heißesten Dank für Ihre herzliche Meinung – Ihre Wahl ist untadelhaft – aber – ich kann – ich darf – Bedauern Sie mich – Ich kann die Gräfin nicht lieben.

PRÄSIDENT (*tritt einen Schritt zurück*). Holla! Jetzt hab ich den jungen Herrn. Also in diese Falle ging er, der listige Heuchler – Also es war nicht die Ehre, die dir die Lady verbot? – Es war nicht die Person, sondern die Heurat, die du verabscheutest? –

FERDINAND (*steht zuerst wie versteinert, dann fährt er auf und will fortrennen*).

PRÄSIDENT. Wohin? Halt! Ist das der Respekt, den du mir
schuldig bist? *(Der Major kehrt zurück.)* Du bist bei der Lady
gemeldet. Der Fürst hat mein Wort. Stadt und Hof wissen es
richtig. – Wenn du mich zum Lügner machst, Junge – vor dem
Fürsten – der Lady – der Stadt – dem Hof mich zum Lügner   5
machst – Höre, Junge – oder wenn ich hinter gewisse Historien komme! – Halt! Holla! Was bläst so auf einmal das
Feuer in deinen Wangen aus?
FERDINAND *(schneeblass und zitternd)*. Wie? Was? Es ist gewiss nichts, mein Vater!   10
PRÄSIDENT *(einen fürchterlichen Blick auf ihn heftend)*. Und
wenn es was ist – und wenn ich die Spur finden sollte, woher
diese Widersetzlichkeit stammt? – – Ha, Junge! der bloße Verdacht schon bringt mich zum Rasen. Geh den Augenblick. Die
Wachparade fängt an. Du wirst bei der Lady sein, sobald die Pa- 15
role gegeben ist – Wenn ich auftrete, zittert ein Herzogtum.
Lass doch sehen, ob mich ein Starrkopf von Sohn meistert. *(Er
geht und kommt noch einmal wieder.)* Junge, ich sage dir, du
wirst dort sein, oder fliehe meinen Zorn. *(Er geht ab.)*
FERDINAND *(erwacht aus einer dumpfen Betäubung)*. Ist er   20
weg? War das eines Vaters Stimme? – Ja! ich will zu ihr – will
hin – will ihr Dinge sagen, will ihr einen Spiegel vorhalten –
Nichtswürdige! und wenn du auch noch dann meine Hand
verlangst – Im Angesicht des versammelten Adels, des Militärs
und des Volks – Umgürte dich mit dem ganzen Stolz deines   25
Englands – Ich verwerfe dich – ein teutscher Jüngling! *(Er eilt
hinaus.)*

[handwritten at top: Lady ist in Ferdinan verliebt, ging die Verbindung zum Fürsten nur ein, um Ferdinan zu bekommen.]

ZWEITER AKT

Ein Saal im Palais der Lady Milford;
zur rechten Hand steht ein Sofa, zur linken ein Flügel.

ERSTE SZENE

Lady, in einem freien, aber reizenden Negligé, die Haare noch
unfrisiert, sitzt vor dem Flügel und phantasiert;
Sophie, die Kammerjungfer, kommt von dem Fenster.

SOPHIE. Die Offiziers gehen auseinander. Die Wachparade ist
aus – aber ich sehe noch keinen Walter.

LADY *(sehr unruhig, indem sie aufsteht und einen Gang durch*
den Saal macht). Ich weiß nicht, wie ich mich heute finde, So-

5 phie – Ich bin noch nie so gewesen – Also du sahst ihn gar nicht?
– Freilich wohl – Es wird ihm nicht eilen – Wie ein Verbrechen
liegt es auf meiner Brust – Geh, Sophie – Man soll mir den wildesten Renner herausführen, der im Marstall ist. Ich muss ins
Freie – Menschen sehen und blauen Himmel und mich leichter

10 reiten ums Herz herum.

SOPHIE. Wenn Sie sich unpässlich fühlen, Mylady – berufen Sie
Assemblée hier zusammen. Lassen Sie den Herzog hier Tafel
halten, oder die L'hombretische vor Ihren Sofa setzen. Mir sollte der Fürst und sein ganzer Hof zu Gebote stehn und eine Gril-

15 le im Kopfe surren?

LADY *(wirft sich in den Sofa).* Ich bitte, verschone mich. Ich gebe
dir einen Demant für jede Stunde, wo ich sie mir vom Hals
schaffen kann. Soll ich meine Zimmer mit diesem Volk tapezie-
ren? – Das sind schlechte erbärmliche Menschen, die sich ent-

20 setzen, wenn mir ein warmes herzliches Wort entwischt, Mund
und Nasen aufreißen, als sähen sie einen Geist – Sklaven eines
einzigen Marionettendrahts, den ich leichter als mein Filet re-
giere. – Was fang ich mit Leuten an, deren Seelen so gleich als ihre Sackuhren gehen? Kann ich eine Freude dran finden, sie was

25 zu fragen, wenn ich voraus weiß, was sie mir antworten werden? Oder Worte mit ihnen wechseln, wenn sie das Herz nicht
haben, andrer Meinung als ich zu sein? – Weg mit ihnen! Es ist
verdrüsslich, ein Ross zu reiten, das nicht auch in den Zügel
beißt. *(Sie tritt zum Fenster.)*

30 SOPHIE. Aber den Fürsten werden Sie doch ausnehmen, Lady?
Den schönsten Mann – den feurigsten Liebhaber – den witzigs-
ten Kopf in seinem ganzen Lande!

LADY *(kommt zurück)*. Denn es ist sein Land – und nur ein
Fürstentum, Sophie, kann meinem Geschmack zur erträglichen
Ausrede dienen – Du sagst, man beneide mich. Armes Ding! Be-
klagen soll man mich vielmehr. Unter allen, die an den Brüsten
der Majestät trinken, kommt die Favoritin am schlechtesten weg,   5
weil sie allein dem großen und reichen Mann auf dem Bettelstabe
begegnet – Wahr ist's, er kann mit dem Talisman seiner Größe
jeden Gelust meines Herzens, wie ein Feenschloss, aus der Erde
rufen. – Er setzt den Saft von zwei Indien auf die Tafel – ruft Paradiese aus Wildnissen – lässt die Quellen seines Landes in stol-   10
zen Bögen gen Himmel springen, oder das Mark seiner Untertanen in einem Feuerwerk hinpuffen – – Aber kann er auch seinem
Herzen befehlen, gegen ein großes feuriges Herz groß
und feurig zu schlagen? Kann er sein darbendes Gehirn auf ein
einziges schönes Gefühl exequieren? – Mein Herz hungert bei   15
all dem Volllauf der Sinne, und was helfen mich tausend bessre
Empfindungen, wo ich nur Wallungen löschen darf?
SOPHIE *(blickt sie verwundernd an)*. Wie lang ist es denn aber,
dass ich Ihnen diene, Mylady?
LADY. Weil du erst heute mit mir bekannt wirst? – Es ist wahr,   20
liebe Sophie – ich habe dem Fürsten meine Ehre verkauft, aber
mein Herz habe ich frei behalten – ein Herz, meine Gute, das
vielleicht eines Mannes noch wert ist – über welches der giftige
Wind des Hofes nur wie der Hauch über den Spiegel ging –
Trau es mir zu, meine Liebe, dass ich es längst gegen diesen arm-   25
seligen Fürsten behauptet hätte, wenn ich es nur von meinem
Ehrgeiz erhalten könnte, einer Dame am Hof den Rang vor mir
einzuräumen.
SOPHIE. Und dieses Herz unterwarf sich dem Ehrgeiz so gern?
LADY *(lebhaft)*. Als wenn es sich nicht schon gerächt hätte! –   30
Nicht jetzt noch sich rächte! – Sophie! *(Bedeutend, indem sie
die Hand auf Sophiens Achsel fallen lässt.)* Wir Frauenzimmer
können nur zwischen Herrschen und Dienen wählen, aber
die höchste Wonne der Gewalt ist doch nur ein elender Be-
helf, wenn uns die größere Wonne versagt wird, Sklavinnen   35
eines Mannes zu sein, den wir lieben.
SOPHIE. Eine Wahrheit, Mylady, die ich von Ihnen zuletzt
hören wollte!
LADY. Und warum, meine Sophie? Sieht man es denn dieser kin-
dischen Führung des Zepters nicht an, dass wir nur für das   40
Gängelband taugen? Sahst du es denn diesem launischen
Flattersinn nicht an – diesen wilden Ergötzungen nicht an, dass
sie nur wildere Wünsche in meiner Brust überlärmen sollten?

SOPHIE *(tritt erstaunt zurück).* Lady!

LADY *(lebhafter).* Befriedige diese! Gib mir den Mann, den ich
jetzt denke – den ich anbete – sterben, Sophie, oder besitzen
muss. *(Schmelzend.)* Lass mich aus seinem Mund es vernehmen, dass Tränen der Liebe schöner glänzen in unsern Augen
als die Brillanten in userm Haar, *(feurig)* und ich werfe dem
Fürsten sein Herz und sein Fürstentum vor die Füße, fliehe mit
diesem Mann, fliehe in die entlegenste Wüste der Welt – –

SOPHIE *(blickt sie erschrocken an).* Himmel! was machen Sie?
Wie wird Ihnen, Lady?

LADY *(bestürzt).* Du entfärbst dich? – Hab ich vielleicht etwas zu
viel gesagt? – O so lass mich deine Zunge mit meinem Zutrauen
binden – höre noch mehr – höre alles –

SOPHIE *(schaut sich ängstlich um).* Ich fürchte, Mylady – ich
fürchte – ich brauch es nicht mehr zu hören.

LADY. Die Verbindung mit dem Major – Du und die Welt stehen
im Wahn, sie sei eine Hofkabale – Sophie – erröte nicht –
schäme dich meiner nicht – sie ist das Werk – meiner Liebe.

SOPHIE. Bei Gott! Was mir ahndete!

LADY. Sie ließen sich beschwatzen, Sophie – der schwache Fürst –
der hofschlaue Walter – der alberne Marschall – Jeder von ihnen
wird darauf schwören, dass diese Heurat das unfehlbarste Mittel
sei, mich dem Herzog zu retten, unser Band umso fester zu
knüpfen. – – Ja! es auf ewig zu trennen! auf ewig diese schändliche Ketten zu brechen! – Belogene Lügner! Von einem schwa-
chen Weib überlistet! – Ihr selbst führt mir jetzt meinen Geliebten zu. Das war es ja nur, was ich wollte – Hab ich ihn einmal –
hab ich ihn – o dann auf immer gute Nacht, abscheuliche Herrlichkeit –

*✳ 7000 Landsleute wurden verkauft und Schläge in
die protestierende Menge abgegeben worden. vom Fürsten*

ZWEITE SZENE

*Ein alter Kammerdiener des Fürsten, der ein
Schmuckkästchen trägt. Die Vorigen.*

KAMMERDIENER. Seine Durchlaucht der Herzog empfehlen
sich Mylady zu Gnaden und schicken Ihnen diese Brillanten
zur Hochzeit. Sie kommen soeben erst aus Venedig.

LADY *(hat das Kästchen geöffnet und fährt erschrocken zurück).*
Mensch! was bezahlt dein Herzog für diese Steine?

KAMMERDIENER *(mit finsterm Gesicht).* Sie kosten ihn keinen Heller.

LADY. Was? Bist du rasend? Nichts? – und *(indem sie einen*

Schritt von ihm wegtritt) du wirfst mir ja einen Blick zu, als
wenn du mich durchbohren wolltest – Nichts kosten ihn diese unermesslich kostbaren Steine?

KAMMERDIENER. Gestern sind siebentausend Landskinder
nach Amerika fort – Die zahlen alles.   5

LADY *(setzt den Schmuck plötzlich nieder und geht rasch durch
den Saal, nach einer Pause zum Kammerdiener).* Mann, was ist
dir? Ich glaube, du weinst?

KAMMERDIENER *(wischt sich die Augen, mit schrecklicher
Stimme, alle Glieder zitternd).* Edelsteine wie diese da – Ich   10
hab auch ein paar Söhne drunter.

LADY *(wendet sich bebend weg, seine Hand fassend).* Doch keinen Gezwungenen?

KAMMERDIENER *(lacht fürchterlich).* O Gott – Nein – lauter
Freiwillige. Es traten wohl so etliche vorlaute Bursch' vor die 15
Front heraus und fragten den Obersten, wie teuer der Fürst das
Joch Menschen verkaufe? – aber unser gnädigster Landesherr
ließ alle Regimenter auf dem Paradeplatz aufmarschieren und
die Maulaffen niederschießen. Wir hörten die Büchsen knallen,
sahen ihr Gehirn auf das Pflaster sprützen, und die ganze Ar-   20
mee schrie: Juchhe nach Amerika! –

LADY *(fällt mit Entsetzen in das Sofa).* Gott! Gott! – Und ich
hörte nichts? Und ich merkte nichts?

KAMMERDIENER. Ja, gnädige Frau – warum musstet Ihr denn
mit unserm Herrn gerad auf die Bärenhatz reiten, als man den 25
Lärmen zum Aufbruch schlug? – Die Herrlichkeit hättet Ihr
doch nicht versäumen sollen, wie uns die gellenden Trommeln
verkündigten, es ist Zeit, und heulende Waisen dort einen lebendigen Vater verfolgten, und hier eine wütende Mutter lief,
ihr saugendes Kind an Bajonetten zu spießen, und wie man   30
Bräutigam und Braut mit Säbelhieben auseinander riss, und wir
Graubärte verzweiflungsvoll dastanden und den Burschen
auch zuletzt die Krücken noch nachwarfen in die Neue Welt –
Oh, und mitunter das polternde Wirbelschlagen, damit der Allwissende uns nicht sollte beten hören –   35

LADY *(steht auf, heftig bewegt).* Weg mit diesen Steinen – sie
blitzen Höllenflammen in mein Herz. *(Sanfter zum Kammerdiener.)* Mäßige dich, armer alter Mann. Sie werden wieder-
kommen. Sie werden ihr Vaterland wieder sehen.

KAMMERDIENER *(warm und voll).* Das weiß der Himmel!   40
Das werden sie! – Noch am Stadttor drehten sie sich um und
schrien: „Gott mit euch, Weib und Kinder – Es leb unser Lan-
desvater – am Jüngsten Gericht sind wir wieder da!" –

LADY *(mit starkem Schritt auf und nieder gehend)*. Abscheulich! Fürchterlich! – Mich beredete man, ich habe sie alle getrocknet, die Tränen des Landes – Schrecklich, schrecklich gehen mir die Augen auf – Geh du – Sag deinem Herrn – Ich werd ihm persön-

5 lich danken! *(Kammerdiener will gehen, sie wirft ihm ihre Gold-börse in den Hut.)* Und das nimm, weil du mir Wahrheit sagtest –

KAMMERDIENER *(wirft sie verächtlich auf den Tisch zurück)*. Legt's zu dem Übrigen. *(Er geht ab.)*

LADY *(sieht ihm erstaunt nach)*. Sophie, spring ihm nach, frag ihn

10 um seinen Namen. Er soll seine Söhne wiederhaben. *(Sophie ab. Lady nachdenkend auf und nieder. Pause. Zu Sophien, die wie-derkommt.)* Ging nicht jüngst ein Gerüchte, dass das Feuer ei-ne Stadt an der Grenze verwüstet und bei vierhundert Familien an den Bettelstab gebracht habe? *(Sie klingelt.)*

15 SOPHIE. Wie kommen Sie auf das? Allerdings ist es so, und die mehresten dieser Unglücklichen dienen jetzt ihren Gläubigern als Sklaven oder verderben in den Schachten der fürstlichen Sil-berbergwerke.

BEDIENTER *(kommt)*. Was befehlen Mylady?

20 LADY *(gibt ihm den Schmuck)*. Dass das ohne Verzug in die Landschaft gebracht werde! – Man soll es sogleich zu Geld ma-chen, befehl ich, und den Gewinst davon unter die Vierhundert verteilen, die der Brand ruiniert hat.

SOPHIE. Mylady, bedenken Sie, dass Sie die höchste Ungnade

25 wagen.

LADY *(mit Größe)*. Soll ich den Fluch seines Landes in meinen Haaren tragen? *(Sie winkt dem Bedienten, dieser geht.)* Oder willst du, dass ich unter dem schrecklichen Geschirr solcher Trä-nen zu Boden sinke? – Geh, Sophie – Es ist besser, falsche Juwe-

30 len im Haar und das Bewusstsein dieser Tat im Herzen zu haben.

SOPHIE. Aber Juwelen wie diese! – Hätten Sie nicht Ihre schlechtern nehmen können? Nein wahrlich, Mylady! Es ist Ihnen nicht zu vergeben.

LADY. Närrisches Mädchen! Dafür werden in einem Augen-

35 blick mehr Brillanten und Perlen für mich fallen, als zehen Kö-nige in ihren Diademen getragen, und schönere –

BEDIENTER *(kommt zurück)*. Major von Walter –

SOPHIE *(springt auf die Lady zu)*. Gott! Sie verblassen –

LADY. Der erste Mann, der mir Schrecken macht – Sophie – Ich

40 sei unpässlich, Eduard – Halt – Ist er aufgeräumt? Lacht er? Was spricht er? O Sophie! Nicht wahr, ich sehe hässlich aus?

SOPHIE. Ich bitte Sie, Lady –

BEDIENTER. Befehlen Sie, dass ich ihn abweise?

LADY *(stotternd).* Er soll mir willkommen sein. *(Bedienter hinaus.)* Sprich, Sophie – Was sag ich ihm? Wie empfang ich ihn? – Ich werde stumm sein. – Er wird meiner Schwäche spotten – Er wird – o was ahndet mir – du verlässest mich, Sophie? – Bleib – Doch nein! Gehe! – So bleib doch. *(Der Major kommt durch das Vorzimmer.)*   5

SOPHIE. Sammeln Sie sich. Er ist schon da.

F. erzählt ihr, dass er dazu gezwungen werde und sie nicht will.

DRITTE SZENE

Ferdinand von Walter. Die Vorigen.

FERDINAND *(mit einer kurzen Verbeugung).* Wenn ich Sie worin unterbreche, gnädige Frau –

LADY *(unter merkbarem Herzklopfen).* In nichts, Herr Major,   10
das mir wichtiger wäre.

FERDINAND. Ich komme auf Befehl meines Vaters.

LADY. Ich bin seine Schuldnerin.

FERDINAND. Und soll Ihnen melden, dass wir uns heuraten – So weit der Auftrag meines Vaters.   15

LADY *(entfärbt sich und zittert).* Nicht Ihres eigenen Herzens?

FERDINAND. Minister und Kuppler pflegen das niemals zu fragen.

LADY *(mit einer Beängstigung, dass ihr die Worte versagen).* Und Sie selbst hätten sonst nichts beizusetzen?   20

FERDINAND *(mit einem Blick auf die Mamsell).* Noch sehr viel, Mylady.

LADY *(gibt Sophien einen Wink, diese entfernt sich).* Darf ich Ihnen diesen Sofa anbieten?

FERDINAND. Ich werde kurz sein, Mylady.   25

LADY. Nun?

FERDINAND. Ich bin ein Mann von Ehre.

LADY. Den ich zu schätzen weiß.

FERDINAND. Kavalier.

LADY. Kein bessrer im Herzogtum.   30

FERDINAND. Und Offizier.

LADY *(schmeichelhaft).* Sie berühren hier Vorzüge, die auch andere mit Ihnen gemein haben. Warum verschweigen Sie größere, worin Sie einzig sind?

FERDINAND *(frostig).* Hier brauch ich sie nicht.   35

LADY *(mit immer steigender Angst).* Aber für was muss ich diesen Vorbericht nehmen?

FERDINAND *(langsam und mit Nachdruck)*. Für den Einwurf
der Ehre, wenn Sie Lust haben sollten, meine Hand zu erzwingen.

LADY *(auffahrend)*. Was ist das, Herr Major?

5 FERDINAND *(gelassen)*. Die Sprache meines Herzens – meines
Wappens – und dieses Degens.

LADY. Diesen Degen gab Ihnen der Fürst.

FERDINAND. Der Staat gab mir ihn durch die Hand des Fürsten – mein Herz Gott – mein Wappen ein halbes Jahrtausend.

10 LADY. Der Name des Herzogs –

FERDINAND *(hitzig)*. Kann der Herzog Gesetze der Mensch-
heit verdrehen, oder Handlungen münzen wie seine Dreier? –
Er selbst ist nicht über die Ehre erhaben, aber er kann ihren
Mund mit seinem Golde verstopfen. Er kann den Hermelin

15 über seine Schande herwerfen. Ich bitte mir aus, davon nichts
mehr, Mylady – Es ist nicht mehr die Rede von weggeworfenen
Aussichten und Ahnen – oder von dieser Degenquaste – oder
von der Meinung der Welt. Ich bin bereit, dies alles mit Füßen
zu treten, sobald Sie mich nur überzeugt haben werden, dass

20 der Preis nicht schlimmer noch als das Opfer ist.

LADY *(schmerzhaft von ihm weggehend)*. Herr Major! Das hab
ich nicht verdient.

FERDINAND *(ergreift ihre Hand)*. Vergeben Sie. Wir reden hier
ohne Zeugen. Der Umstand, der Sie und mich – heute und nie

25 mehr – zusammenführt, berechtigt mich, zwingt mich, Ihnen
mein geheimstes Gefühl nicht zurückzuhalten. – Es will mir
nicht zu Kopfe, Mylady, dass eine Dame von so viel Schönheit
und Geist – Eigenschaften, die ein Mann schätzen würde – sich
an einen Fürsten sollte wegwerfen können, der nur das Ge-

30 schlecht an ihr zu bewundern gelernt hat, wenn sich diese Dame nicht schämte, vor einen Mann mit ihrem Herzen zu treten.

LADY *(schaut ihm groß ins Gesicht)*. Reden Sie ganz aus.

FERDINAND. Sie nennen sich eine Britin. Erlauben Sie mir –
ich kann es nicht glauben, dass Sie eine Britin sind. Die frei ge-

35 borene Tochter des freiesten Volks unter dem Himmel – das
auch zu stolz ist, fremder Tugend zu räuchern, – kann sich
nimmermehr an fremdes Laster verdingen. Es ist nicht
möglich, dass Sie eine Britin sind – oder das Herz dieser
Britin muss umso viel kleiner sein, als größer und kühner

40 Britanniens Adern schlagen.

LADY. Sind Sie zu Ende?

FERDINAND. Man könnte antworten, es ist weibliche Eitelkeit
– Leidenschaft – Temperament – Hang zum Vergnügen. Schon

öfters überlebte Tugend die Ehre. Schon manche, die mit Schande in diese Schranke trat, hat nachher die Welt durch edle Handlungen mit sich ausgesöhnt und das hässliche Handwerk durch einen schönen Gebrauch geadelt – – Aber woher denn jetzt diese ungeheure Pressung des Landes, die vorher nie so gewesen? – 5
Das war im Namen des Herzogtums. – Ich bin zu Ende.

LADY *(mit Sanftmut und Hoheit).* Es ist das erste Mal, Walter, dass solche Reden an mich gewagt werden, und Sie sind der einzige Mensch, dem ich darauf antworte – Dass Sie meine Hand verwerfen, darum schätz ich Sie. Dass Sie mein Herz lästern, 10 vergebe ich Ihnen. Dass es Ihr Ernst ist, glaube ich Ihnen nicht. Wer sich herausnimmt, Beleidigungen dieser Art einer Dame zu sagen, die nicht mehr als eine Nacht braucht, ihn ganz zu verderben, muss dieser Dame eine große Seele zutrauen oder – von Sinnen sein – Dass Sie den Ruin des Landes auf meine 15 Brust wälzen, vergebe Ihnen Gott der Allmächtige, der Sie und mich und den Fürsten einst gegeneinander stellt. – Aber Sie haben die Engländerin in mir aufgefodert, und auf Vorwürfe dieser Art muss mein Vaterland Antwort haben.

FERDINAND *(auf seinen Degen gestützt).* Ich bin begierig. 20

LADY. Hören Sie also, was ich, außer Ihnen, noch niemand vertraute, noch jemals einem Menschen vertrauen will. – Ich bin nicht die Abenteurerin, Walter, für die Sie mich halten. Ich könnte großtun und sagen: Ich bin fürstlichen Geblüts – aus des unglücklichen Thomas Norfolks Geschlechte, der für die schottische Maria ein Opfer war – Mein Vater, des Königs oberster 25 Kämmerer, wurde bezüchtigt, in verrätrischem Vernehmen mit Frankreich zu stehen, durch einen Spruch der Parlamente verdammt und enthauptet. – Alle unsre Güter fielen der Krone zu. Wir selbst wurden des Landes verwiesen. Meine Mutter starb 30 am Tage der Hinrichtung. Ich – ein vierzehenjähriges Mädchen – flohe nach Teutschland mit meiner Wärterin – einem Kästchen Juwelen – und diesem Familienkreuz, das meine sterbende Mutter mit ihrem letzten Segen mir in den Busen steckte.

FERDINAND *(wird nachdenkend und heftet wärmere Blicke* 35 *auf die Lady).*

LADY *(fährt fort mit immer zunehmender Rührung).* Krank – ohne Namen – ohne Schutz und Vermögen – eine ausländische Waise kam ich nach Hamburg. Ich hatte nichts gelernt als das bisschen Französisch – ein wenig Filet und den Flügel – desto besser 40 verstund ich auf Gold und Silber zu speisen, unter damastenen Decken zu schlafen, mit einem Wink zehen Bediente fliegen zu machen und die Schmeicheleien der Großen Ihres Geschlechts

aufzunehmen. – Sechs Jahre waren schon hingeweint. – Die letzte Schmucknadel flog dahin – Meine Wärterin starb – und jetzt
führte mein Schicksal Ihren Herzog nach Hamburg. Ich spazier-
te damals an den Ufern der Elbe, sah in den Strom und fing eben
5   an zu phantasieren, ob dieses Wasser oder mein Leiden das
Tiefste wäre? – Der Herzog sah mich, verfolgte mich, fand meinen Aufenthalt – lag zu meinen Füßen und schwur, dass er mich
liebe. *(Sie hält in großen Bewegungen inne, dann fährt sie fort
mit weinender Stimme.)* Alle Bilder meiner glücklichen Kindheit
10   wachten jetzt wieder mit verführendem Schimmer auf – Schwarz
wie das Grab graute mich eine trostlose Zukunft an – Mein Herz
brannte nach einem Herzen – Ich sank an das seinige. *(Von ihm
wegstürzend.)* Jetzt verdammen Sie mich!

FERDINAND *(sehr bewegt, eilt ihr nach und hält sie zurück).* La-
15   dy! o Himmel! Was hör ich? Was tat ich? – – Schrecklich enthüllt sich mein Frevel mir. Sie können mir nicht mehr vergeben.

LADY *(kommt zurück und hat sich zu sammeln gesucht).* Hören
Sie weiter. Der Fürst überraschte zwar meine wehrlose Jugend –
aber das Blut der Norfolk empörte sich in mir: Du, eine gebore-
20   ne Fürstin, Emilie, rief es, und jetzt eines Fürsten Konkubine? –
Stolz und Schicksal kämpften in meiner Brust, als der Fürst mich
hieher brachte und auf einmal die schauderndste Szene vor meinen Augen stand. – Die Wollust der Großen dieser Welt ist die
nimmersatte Hyäne, die sich mit Heißhunger Opfer sucht. –
25   Fürchterlich hatte sie schon in diesem Lande gewütet – hatte
Braut und Bräutigam zertrennt – hatte selbst der Ehen göttliches
Band zerrissen – – hier das stille Glück einer Familie geschleift –
dort ein junges unerfahrnes Herz der verheerenden Pest aufge-
schlossen, und sterbende Schülerinnen schäumten den Namen
30   ihres Lehrers unter Flüchen und Zuckungen aus – Ich stellte
mich zwischen das Lamm und den Tiger; nahm einen fürstlichen
Eid von ihm in einer Stunde der Leidenschaft, und diese abscheuliche Opferung musste aufhören.

FERDINAND *(rennt in der heftigsten Unruhe durch den Saal).*
35   Nichts mehr, Mylady! Nicht weiter!

LADY. Diese traurige Periode hatte einer noch traurigern Platz
gemacht. Hof und Serail wimmelten jetzt von Italiens Auswurf.
Flatterhafte Pariserinnen tändelten mit dem furchtbaren Zep-
ter, und das Volk blutete unter ihren Launen – Sie alle erlebten
40   ihren Tag. I c h sah sie neben mir in den Staub sinken, denn ich
war mehr Kokette als sie alle. Ich nahm dem Tyrannen den Zügel ab, der wollüstig in meiner Umarmung erschlappte – dein
Vaterland, Walter, fühlte zum ersten Mal eine Menschenhand

und sank vertrauend an meinen Busen. *(Pause, worin sie ihn
schmelzend ansieht.)* O dass der Mann, von dem ich allein nicht
verkannt sein möchte, mich jetzt zwingen muss, groß zu prahlen
und meine stille Tugend am Licht der Bewunderung zu versen-
gen! – Walter, ich habe Kerker gesprengt – habe Todesurteile   5
zerrissen und manche entsetzliche Ewigkeit auf Galeeren ver-
kürzt. In unheilbare Wunden hab ich doch wenigstens stillen-
den Balsam gegossen – mächtige Frevler in Staub gelegt und die
verlorne Sache der Unschuld oft noch mit einer buhlerischen
Träne gerettet – Ha, Jüngling! wie süß war mir das! Wie stolz   10
konnte mein Herz jede Anklage meiner fürstlichen Geburt widerlegen! – Und jetzt kommt der Mann, der allein mir das alles
belohnen sollte – der Mann, den mein erschöpftes Schicksal vielleicht zum Ersatz meiner vorigen Leiden schuf – der Mann, den
ich mit brennender Sehnsucht im Traum schon umfasse –   15
FERDINAND *(fällt ihr ins Wort, durch und durch erschüttert).*
Zu viel! Zu viel! Das ist wider die Abrede, Lady. Sie sollten sich
von Anklagen reinigen und machen mich zu einem Verbrecher.
Schonen Sie – ich beschwöre Sie – schonen Sie meines Herzens,
das Beschämung und wütende Reue zerreißen –   20
LADY *(hält seine Hand fest).* Jetzt oder nimmermehr. Lange genug hielt die Heldin stand – Das Gewicht dieser Tränen musst
du noch fühlen. *(Im zärtlichsten Ton.)* Höre, Walter – wenn eine Unglückliche – unwiderstehlich allmächtig an dich gezogen
– sich an dich presst mit einem Busen voll glühender uner-   25
schöpflicher Liebe – Walter – und du jetzt noch das kalte Wort
Ehre sprichst – Wenn diese Unglückliche – niedergedrückt
vom Gefühl ihrer Schande – des Lasters überdrüssig – helden-
mäßig emporgehoben vom Rufe der Tugend – sich s o – in deine Arme wirft *(sie umfasst ihn, beschwörend und feierlich)* –   30
durch d i c h gerettet – durch d i c h dem Himmel wiederge-
schenkt sein will, oder *(das Gesicht von ihm abgewandt, mit
hohler, bebender Stimme)* deinem Bild zu entfliehen,
dem fürchterlichen Ruf der Verzweiflung gehorsam, in noch
abscheulichere Tiefen des Lasters wieder hinuntertaumelt –   35
FERDINAND *(von ihr losreißend, in der schrecklichsten Be-
drängnis).* Nein, beim großen Gott! Ich kann das nicht aushal-
ten – Lady, ich muss – Himmel und Erde liegen auf mir – ich
muss Ihnen ein Geständnis tun, Lady.
LADY *(von ihm wegfliehend).* Jetzt nicht! Jetzt nicht, bei allem, 40
was heilig ist – In diesem entsetzlichen Augenblick nicht, wo
mein zerrissenes Herz an tausend Dolchstichen blutet – Sei's
Tod oder Leben – ich darf es nicht – ich will es nicht hören.

FERDINAND. Doch, doch, beste Lady. Sie müssen es. Was ich
Ihnen jetzt sagen werde, wird meine Strafbarkeit mindern und
eine warme Abbitte des Vergangenen sein – Ich habe mich in Ihnen betrogen, Mylady. Ich erwartete – ich wünschte, Sie meiner
5 Verachtung würdig zu finden. Fest entschlossen, Sie zu beleidigen und Ihren Hass zu verdienen, kam ich her – Glücklich wir
beide, wenn mein Vorsatz gelungen wäre! *(Er schweigt eine
Weile, darauf leiser und schüchterner.)* Ich liebe, Mylady – liebe ein bürgerliches Mädchen – Luisen Millerin, eines Musikus
10 Tochter. *(Lady wendet sich bleich von ihm weg, er fährt lebhafter fort.)* Ich weiß, worein ich mich stürze; aber wenn auch
Klugheit die Leidenschaft schweigen heißt, so redet die
Pflicht desto lauter – Ich bin der Schuldige. Ich zuerst zerriss
ihrer Unschuld goldenen Frieden – wiegte ihr Herz mit vermes-
15 senen Hoffnungen und gab es verräterisch der wilden Leidenschaft preis. – Sie werden mich an Stand – an Geburt – an die
Grundsätze meines Vaters erinnern – aber ich liebe – Meine
Hoffnung steigt umso höher, je tiefer die Natur mit Konvenien-
zen zerfallen ist. – Mein Entschluss und das Vorurteil! – Wir
20 wollen sehen, ob die Mode oder die Menschheit auf dem Platz
bleiben wird. *(Lady hat sich unterdes bis an das äußerste Ende
des Zimmers zurückgezogen und hält das Gesicht mit beiden
Händen bedeckt. Er folgt ihr dahin.)* Sie wollten mir etwas sagen, Mylady?
25 LADY *(im Ausdruck des heftigsten Leidens).* Nichts, Herr von
Walter! Nichts, als dass Sie sich und mich und noch eine
Dritte zugrund richten.
FERDINAND. Noch eine Dritte?
LADY. Wir können miteinander nicht glücklich werden. Wir
30 müssen doch der Voreiligkeit Ihres Vaters zum Opfer werden.
Nimmermehr werd ich das Herz eines Mannes haben, der mir
seine Hand nur gezwungen gab.
FERDINAND. Gezwungen, Lady? Gezwungen gab? und also
doch gab? Können Sie eine Hand ohne Herz erzwingen? Sie
35 einem Mädchen den Mann entwenden, der die ganze Welt dieses Mädchens ist? Sie einen Mann von dem Mädchen reißen,
das die ganze Welt dieses Mannes ist? Sie, Mylady – vor einem
Augenblick die bewundernswürdige Britin? – Sie können das?
40 LADY. Weil ich es muss. *(Mit Ernst und Stärke.)* Meine Leidenschaft, Walter, weicht meiner Zärtlichkeit für Sie. Meine Ehre
kann's nicht mehr – Unsre Verbindung ist das Gespräch des
ganzen Landes. Alle Augen, alle Pfeile des Spotts sind auf mich

gespannt. Die Beschimpfung ist unauslöschlich, wenn ein Untertan des Fürsten mich ausschlägt. Rechten Sie mit Ihrem Vater. Wehren Sie sich, so gut Sie können. – Ich lass alle Minen sprengen. (*Sie geht schnell ab. Der Major bleibt in sprachloser Erstarrung stehn. Pause. Dann stürzt er fort durch die Flügeltüre.*)　　5

VIERTE SZENE

Zimmer beim Musikanten.

Miller, Frau Millerin, Luise treten auf.

MILLER (*hastig ins Zimmer*). Ich hab's ja zuvor gesagt!

LUISE (*sprengt ihn ängstlich an*). Was, Vater, was?

MILLER (*rennt wie toll auf und nieder*). Meinen Staatsrock her – hurtig – ich muss ihm zuvorkommen – und ein weißes Manschettenhemd! – Das hab ich mir gleich eingebildet!　　10

LUISE. Um Gottes willen! Was?

MILLERIN. Was gibt's denn? Was ist's denn?

MILLER (*wirft seine Perücke ins Zimmer*). Nur gleich zum Friseur das! – Was es gibt? (*Vor den Spiegel gesprungen.*) Und mein Bart ist auch wieder fingerslang – Was es gibt? – Was　　15
wird's geben, du Rabenaas? – Der Teufel ist los, und dich soll das Wetter schlagen.

FRAU. Da sehe man! Über mich muss gleich alles kommen.

MILLER. Über dich? Ja, blaues Donnermaul, und über wen anders? Heute früh mit deinem diabolischen Junker – Hab ich's　　20
nicht im Moment gesagt? – Der Wurm hat geplaudert.

FRAU. Ah was! Wie kannst du das wissen?

MILLER. Wie kann ich das wissen? – Da! – unter der Haustüre spukt ein Kerl des Ministers und fragt nach dem Geiger.

LUISE. Ich bin des Todes.　　25

MILLER. Du aber auch mit deinen Vergissmeinnichtsaugen! (*Lacht voll Bosheit.*) Das hat seine Richtigkeit, wem der Teufel ein Ei in die Wirtschaft gelegt hat, dem wird eine hübsche Tochter geboren – Jetzt hab ich's blank!

FRAU. Woher weißt du denn, dass es der Luise gilt? – Du kannst　　30
dem Herzog rekommendiert worden sein. Er kann dich ins Orchester verlangen.

MILLER (*springt nach seinem Rohr*). Dass dich der Schwefelregen von Sodom! – Orchester! – Ja, wo du Kupplerin den Diskant wirst heulen und mein blauer Hinterer den Kon-　　35

terbass vorstellen. *(Wirft sich in seinen Stuhl.)* Gott im Himmel!

LUISE *(setzt sich totenbleich nieder)*. Mutter! Vater! Warum wird
mir auf einmal so bange?

5 MILLER *(springt wieder vom Stuhl auf)*. Aber soll mir der Din-
tenkleckser einmal in den Schuss laufen! – Soll er mir laufen! –
Es sei in dieser oder in jener Welt – Wenn ich ihm nicht Leib
und Seele breiweich zusammendresche, alle zehen Gebote und
alle sieben Bitten im Vaterunser und alle Bücher Mosis und der
10 Propheten aufs Leder schreibe, dass man die blaue Flecken bei
der Auferstehung der Toten noch sehen soll –

FRAU. Ja! fluch du und poltre du! Das wird jetzt den Teufel ban-
nen. Hilf, heiliger Herregott! Wohinaus nun? Wie werden wir
Rat schaffen? Was nun anfangen? Vater Miller, so rede doch!
15 *(Sie läuft heulend durchs Zimmer.)*

MILLER. Auf der Stell zum Minister will ich. Ich zuerst will mein
Maul auftun – Ich selbst will es angeben. Du hast es vor mir gewusst. Du hättest mir einen Wink geben können. Das Mädel
hätt sich noch weisen lassen. Es wäre noch Zeit gewesen – aber
20 nein! – Da hat sich was makeln lassen; da hat sich was fischen
lassen! Da hast du noch Holz obendrein zugetragen! – Jetzt
sorg auch für deinen Kuppelpelz. Friss aus, was du einbrock-
test. Ich nehme meine Tochter in Arm, und marsch mit ihr über
die Grenze.

FÜNFTE SZENE

*Ferdinand von Walter stürzt erschrocken und außer Atem
ins Zimmer. Die Vorigen.*

25 FERDINAND. War mein Vater da?

LUISE *(fährt mit Schrecken auf)*. Sein Vater!
Allmächtiger Gott!

FRAU *(schlägt die Hände zusammen)*. Der
Präsident! Es ist aus mit uns!

30 MILLER *(lacht voll Bosheit)*. Gottlob! Gottlob! Da haben wir ja die Bescherung!

*(Alle
zugleich.)*

FERDINAND *(eilt auf Luisen zu und drückt sie stark in die Arme)*. Mein bist du, und wärfen Höll und Himmel sich zwischen uns.

35 LUISE. Mein Tod ist gewiss – Rede weiter – Du sprachst einen
schrecklichen Namen aus – dein Vater?

FERDINAND. Nichts. Nichts. Es ist überstanden. Ich hab dich
ja wieder. Du hast mich ja wieder. O lass mich Atem schöpfen
an dieser Brust. Es war eine schreckliche Stunde.

LUISE. Welche? Du tötest mich!

FERDINAND *(tritt zurück und schaut sie bedeutend an).* Eine   5
Stunde, Luise, wo zwischen mein Herz und dich eine fremde
Gestalt sich warf – wo meine Liebe vor meinem Gewissen erblasste – wo meine Luise aufhörte, ihrem Ferdinand alles zu
sein – –

LUISE *(sinkt mit verhülltem Gesicht auf den Sessel nieder).*   10

FERDINAND *(geht schnell auf sie zu, bleibt sprachlos mit star-*
rem Blick vor ihr stehen, dann verlässt er sie plötzlich, in großer
Bewegung). Nein! Nimmermehr! Unmöglich, Lady! Zu viel
verlangt! Ich kann dir diese Unschuld nicht opfern – Nein, beim
unendlichen Gott! ich kann meinen Eid nicht verletzen, der   15
mich laut wie des Himmels Donner aus diesem brechenden Auge mahnt – Lady, blick hieher – hieher, du Rabenvater – Ich
soll diesen Engel würgen? Die Hölle soll ich in diesen himmlischen Busen schütten? *(Mit Entschluss auf sie zueilend.)* Ich will
sie führen vor des Weltrichters Thron, und ob meine Liebe Ver-   20
brechen ist, soll der Ewige sagen. *(Er fasst sie bei der Hand und*
hebt sie vom Sessel.) Fasse Mut, meine Teuerste! – Du hast gewonnen. Als Sieger komm ich aus dem gefährlichsten Kampf
zurück.

LUISE. Nein! Nein! Verhehle mir nichts. Sprich es aus, das ent-   25
setzliche Urteil. Deinen V a t e r nanntest du? Du nanntest die
L a d y ? – Schauer des Todes ergreifen mich – Man sagt, sie wird
heuraten.

FERDINAND *(stürzt betäubt zu Luisens Füßen nieder).* M i c h ,
Unglückselige!   30

LUISE *(nach einer Pause, mit stillem, bebendem Ton und schreck-*
licher Ruhe). Nun – was erschreck ich denn? – Der alte Mann
dort hat mir's ja oft gesagt – ich hab es ihm nie glauben wollen.
(Pause. Dann wirft sie sich Millern laut weinend in den Arm.)
Vater, hier ist deine Tochter wieder – Verzeihung, Vater – Dein   35
Kind kann ja nicht dafür, dass dieser Traum so schön war, und
– – so fürchterlich jetzt das Erwachen – –

MILLER. Luise! Luise! – O Gott, sie ist von sich – Meine Tochter, mein armes Kind – Fluch über den Verführer! – Fluch über
das Weib, das ihm kuppelte!   40

FRAU *(wirft sich jammernd auf Luisen).* Verdien ich diesen
Fluch, meine Tochter? Vergeb's Ihnen Gott, Baron – Was hat
dieses Lamm getan, dass Sie es würgen?

FERDINAND *(springt an ihr auf, voll Entschlossenheit).* Aber
ich will seine Kabalen durchbohren – durchreißen will ich alle
diese eiserne Ketten des Vorurteils – Frei wie ein Mann will ich
wählen, dass diese Insektenseelen am Riesenwerk meiner Liebe
5 hinaufschwindeln. *(Er will fort.)*
LUISE *(zittert vom Sessel auf, folgt ihm).* Bleib! Bleib! Wohin willst
du? – Vater – Mutter – in dieser bangen Stunde verlässt er uns?
FRAU *(eilt ihm nach, hängt sich an ihn).* Der Präsident wird hie-
herkommen – Er wird unser Kind misshandeln – Er wird uns
10 misshandeln – Herr von Walter, und Sie verlassen uns?
MILLER *(lacht wütend).* Verlässt uns! Freilich! Warum nicht? –
Sie gab ihm ja alles hin! *(Mit der einen Hand den Major, mit
der andern Luisen fassend.)* Geduld, Herr! der Weg aus meinem
Hause geht nur über diese da – Erwarte erst deinen Vater,
15 wenn du kein Bube bist – Erzähl es ihm, wie du dich in ihr Herz
stahlst, Betrüger, oder bei Gott! *(ihm seine Tochter zuschleu-
dernd, wild und heftig)* du sollst mir zuvor diesen wimmernden
Wurm zertreten, den Liebe zu dir so zuschanden richtete.
FERDINAND *(kommt zurück und geht auf und ab in tiefen Ge-
20 danken).* Zwar die Gewalt des Präsidenten ist groß – Vater-
recht ist ein weites Wort – der Frevel selbst kann sich in seinen
Falten verstecken – er kann es weit damit treiben – Weit! –
Doch aufs Äußerste treibt's nur die Liebe – Hier, Luise! Deine Hand in die meinige! *(Er fasst diese heftig.)* So wahr mich
25 Gott im letzten Hauch nicht verlassen soll! – Der Augenblick,
der diese zwo Hände trennt, zerreißt auch den Faden zwischen
mir und der Schöpfung.
LUISE. Mir wird bange! Blick weg! Deine Lippen beben. Dein
Auge rollt fürchterlich –
30 FERDINAND. Nein, Luise. Zittre nicht. Es ist nicht Wahnsinn,
was aus mir redet. Es ist das köstliche Geschenk des Himmels,
Entschluss in dem geltenden Augenblick, wo die gepresste
Brust nur durch etwas Unerhörtes sich Luft macht – Ich liebe
dich, Luise – Du sollst mir bleiben, Luise – Jetzt zu meinem Va-
35 ter! *(Er eilt schnell fort und rennt – gegen den Präsidenten.)*

SECHSTE SZENE

Der Präsident mit einem Gefolge von Bedienten. Vorige.

PRÄSIDENT *(im Hereintreten).* Da ist er schon.
ALLE *(erschrocken).*

FERDINAND *(weicht einige Schritte zurücke)*. Im Hause der Unschuld.

PRÄSIDENT. Wo der Sohn Gehorsam gegen den Vater lernt?

FERDINAND. Lassen Sie uns das – –

PRÄSIDENT *(unterbricht ihn, zu Millern)*. Er ist der Vater?   5

MILLER. Stadtmusikant Miller.

PRÄSIDENT *(zur Frau)*. Sie die Mutter?

FRAU. Ach ja! die Mutter.

FERDINAND *(zu Millern)*. Vater, bring Er die Tochter weg – Sie droht eine Ohnmacht.   10

PRÄSIDENT. Überflüssige Sorgfalt. Ich will sie anstreichen *(Zu Luisen.)* Wie lang kennt Sie den Sohn des Präsidenten?

LUISE. Diesem habe ich nie nachgefragt. Ferdinand von Walter besucht mich seit dem November.

FERDINAND. Betet sie an.   15

PRÄSIDENT. Erhielt Sie Versicherungen?

FERDINAND. Vor wenigen Augenblicken die feierlichste im Angesicht Gottes.

PRÄSIDENT *(zornig zu seinem Sohn)*. Zur Beichte d e i n e r Torheit wird man dir schon das Zeichen geben. *(Zu Luisen.)* Ich   20 warte auf Antwort.

LUISE. Er schwur mir Liebe.

FERDINAND. Und wird sie halten.

PRÄSIDENT. Muss ich befehlen, dass du schweigst? – Nahm Sie den Schwur an?   25

LUISE *(zärtlich)*. Ich erwiderte ihn.

FERDINAND *(mit fester Stimme)*. Der Bund ist geschlossen.

PRÄSIDENT. Ich werde das Echo hinauswerfen lassen. *(Boshaft zu Luisen.)* Aber er bezahlte Sie doch jederzeit bar?

LUISE *(aufmerksam)*. Diese Frage verstehe ich nicht ganz.   30

PRÄSIDENT *(mit beißendem Lachen)*. Nicht? Nun! ich meine nur – Jedes Handwerk hat, wie man sagt, seinen goldenen Boden – auch S i e , hoff ich, wird Ihre Gunst nicht verschenkt haben – oder war's Ihr vielleicht mit dem bloßen V e r s c h l u s s gedient? Wie?   35

FERDINAND *(fährt wie rasend auf)*. Hölle! was war das?

LUISE *(zum Major mit Würde und Unwillen)*. Herr von Walter, jetzt sind Sie frei.

FERDINAND. Vater! E h r f u r c h t befiehlt die Tugend auch im Bettlerkleid.   40

PRÄSIDENT *(lacht lauter)*. Eine lustige Zumutung! Der Vater soll die H u r e des Sohns respektieren.

LUISE *(stürzt nieder)*. O Himmel und Erde!

FERDINAND *(mit Luisen zu gleicher Zeit, indem er den Degen nach dem Präsidenten zückt, den er aber schnell wieder sinken lässt)*. Vater! Sie hatten einmal ein Leben an mich zu fodern – Es ist bezahlt *(Den Degen einsteckend)*. Der Schuldbrief der kind-
5 lichen Pflicht liegt zerrissen da –

MILLER *(der bis jetzt furchtsam auf der Seite gestanden, tritt hervor in Bewegung, wechselsweis für Wut mit den Zähnen knirschend und für Angst damit klappernd)*. Euer Exzellenz – Das Kind ist des Vaters Arbeit – Halten zu Gnaden – Wer das
10 Kind eine Mähre schilt, schlägt den Vater ans Ohr, und Ohrfeig um Ohrfeig – Das ist so Tax bei uns – Halten zu Gnaden.

FRAU. Hilf, Herr und Heiland! – Jetzt bricht auch der Alte los – über unserm Kopf wird das Wetter zusammenschlagen.

PRÄSIDENT *(der es nur halb gehört hat)*. Regt sich der Kuppler
15 auch? – Wir sprechen uns gleich, Kuppler.

MILLER. Halten zu Gnaden. Ich heiße Miller, wenn Sie ein Ada-gio hören wollen – mit Buhlschaften dien ich nicht. Solang der Hof da noch Vorrat hat, kommt die Lieferung nicht an uns Bür-gersleut. Halten zu Gnaden.

20 FRAU. Um des Himmels willen, Mann! Du bringst Weib und Kind um.

FERDINAND. Sie spielen hier eine Rolle, mein Vater, wobei Sie sich wenigstens die Zeugen hätten ersparen können.

MILLER *(kommt ihm näher, herzhafter)*. Teutsch und verständ-
25 lich. Halten zu Gnaden. Euer Exzellenz schalten und walten im Land. Das ist meine Stube. Mein devotestes Kompliment, wenn ich dermaleins ein Promemoria bringe, aber den ungeho-belten Gast werf ich zur Tür hinaus – Halten zu Gnaden.

PRÄSIDENT *(vor Wut blass)*. Was? – Was ist das? *(Tritt ihm*
30 *näher.)*

MILLER *(zieht sich sachte zurück)*. Das war nur so meine Mei-nung, Herr – Halten zu Gnaden.

PRÄSIDENT *(in Flammen)*. Ha, Spitzbube! Ins Zuchthaus spricht dich deine vermessene Meinung – Fort! Man soll Ge-
35 richtsdiener holen. *(Einige vom Gefolg gehen ab; der Präsident rennt voll Wut durch das Zimmer.)* Vater ins Zuchthaus – an den Pranger Mutter und Metze von Tochter! – Die Gerechtig-keit soll meiner Wut ihre Arme borgen. Für diesen Schimpf muss ich schreckliche Genugtuung haben – Ein solches Gesin-
40 del sollte meine Plane zerschlagen und ungestraft Vater und Sohn aneinander hetzen? – Ha, Verfluchte! Ich will meinen Hass an eurem Untergang sättigen, die ganze Brut, Vater, Mut-ter und Tochter, will ich meiner brennenden Rache opfern.

FERDINAND *(tritt gelassen und standhaft unter sie hin).* O
nicht doch! Seid außer Furcht! I c h bin zugegen. *(Zum Präsi-
denten mit Unterwürfigkeit.)* Keine Übereilung, mein Vater!
Wenn Sie sich selbst lieben, keine Gewalttätigkeit – Es gibt eine
Gegend in meinem Herzen, worin das Wort V a t e r noch nie   5
gehört worden ist – Dringen Sie nicht bis in d i e s e.
PRÄSIDENT. Nichtswürdiger! Schweig! Reize meinen Grimm
nicht noch mehr.
MILLER *(kommt aus einer dumpfen Betäubung zu sich selbst).*
Schau du nach deinem Kinde, Frau. Ich laufe zum Herzog – Der   10
Leibschneider – das hat mir Gott eingeblasen! – der Leib-
schneider lernt die Flöte bei mir. Es kann mir nicht fehlen beim
Herzog. *(Er will gehen.)*
PRÄSIDENT. Beim Herzog, sagst du? – Hast du vergessen, dass
ich die Schwelle bin, worüber du springen oder den Hals bre-   15
chen musst? – Beim Herzog, du Dummkopf? – Versuch es,
wenn du, lebendig tot, eine Turmhöhe tief unter dem Boden im
Kerker liegst, wo die Nacht mit der Hölle liebäugelt und Schall
und Licht wieder umkehren – rassle dann mit deinen Ketten
und wimmre: Mir ist zu viel geschehen!   20

SIEBENTE SZENE

Gerichtsdiener. Die Vorigen.

FERDINAND *(eilt auf Luisen zu, die ihm halb tot in den Arm
fällt).* Luise! Hilfe! Rettung! Der Schrecken überwältigte sie!
MILLER *(ergreift sein spanisches Rohr, setzt den Hut auf und
macht sich zum Angriff gefasst).*
FRAU *(wirft sich auf die Knie vor den Präsident).*   25
PRÄSIDENT *(zu den Gerichtsdienern, seinen Orden entblößend).*
Legt Hand an im Namen des Herzogs – Weg von der Metze, Jun-
ge – Ohnmächtig oder nicht – Wenn sie nur erst das eiserne Hals-
band umhat, wird man sie schon mit Steinwürfen aufwecken.
FRAU. Erbarmung, Ihro Exzellenz! Erbarmung! Erbarmung!   30
MILLER (reißt seine Frau in die Höhe). Knie vor Gott, alte Heul-
hure, und nicht vor – – Schelmen, weil ich ja doch schon ins
Zuchthaus muss.
PRÄSIDENT *(beißt die Lippen).* Du kannst dich verrechnen, Bu-
be. Es stehen noch Galgen leer! *(Zu den Gerichtsdienern.)* Muss   35
ich es noch einmal sagen?
GERICHTSDIENER *(dringen auf Luisen ein).*

FERDINAND *(springt an ihr auf und stellt sich vor sie, grimmig)*.
Wer will was? *(Er zieht den Degen samt der Scheide und wehrt
sich mit dem Gefäß.)* Wag es, sie anzurühren, wer nicht auch die
Hirnschale an die Gerichte vermietet hat. *(Zum Präsidenten.)*
5 Schonen Sie Ihrer selbst. Treiben Sie mich nicht weiter, mein
Vater.

PRÄSIDENT *(drohend zu den Gerichtsdienern)*. Wenn euch euer Brot lieb ist, Memmen –

GERICHTSDIENER *(greifen Luisen wieder an)*.

10 FERDINAND. Tod und alle Teufel! Ich sage: Zurück – Noch
einmal. Haben Sie Erbarmen mit sich selbst. Treiben Sie mich
nicht aufs Äußerste, Vater.

PRÄSIDENT *(aufgebracht zu den Gerichtsdienern)*. Ist das euer
Diensteifer, Schurken?

15 GERICHTSDIENER *(greifen hitziger an)*.

FERDINAND. Wenn es denn sein muss *(indem er den Degen
zieht und einige von denselben verwundet)*, so verzeih mir, Gerechtigkeit!

PRÄSIDENT *(voll Zorn)*. Ich will doch sehen, ob auch ich diesen
20 Degen fühle. *(Er fasst Luisen selbst, zerrt sie in die Höh und
übergibt sie einem Gerichtsknecht.)*

FERDINAND *(lacht erbittert)*. Vater, Vater, Sie machen hier ein
beißendes Pasquill auf die Gottheit, die sich so übel auf ihre
Leute verstund und aus vollkommenen Henkersknech-
25 ten schlechte Minister machte.

PRÄSIDENT *(zu den übrigen)*. Fort mit ihr!

FERDINAND. Vater, sie soll an dem Pranger stehn, aber mit
dem Major, des Präsidenten Sohn – Bestehen Sie noch darauf?

30 PRÄSIDENT. Desto possierlicher wird das Spektakel – Fort!

FERDINAND. Vater! ich werfe meinen Offiziersdegen auf das
Mädchen – Bestehen Sie noch darauf?

PRÄSIDENT. Das Portepee ist an deiner Seite des Prangerste-
hens gewohnt worden – Fort! Fort! Ihr wisst meinen Willen.

35 FERDINAND *(drückt einen Gerichtsdiener weg, fasst Luisen
mit einem Arm, mit dem andern zückt er den Degen auf sie)*.
Vater! Eh Sie meine Gemahlin beschimpfen, durchstoß ich sie –
Bestehen Sie noch darauf?

PRÄSIDENT. Tu es, wenn deine Klinge auch spitzig ist.

40 FERDINAND *(lässt Luisen fahren und blickt fürchterlich zum
Himmel)*. Du, Allmächtiger, bist Zeuge! Kein menschliches
Mittel ließ ich unversucht – ich muss zu einem teuflischen
schreiten – Ihr führt sie zum Pranger fort, unterdessen *(zum

Präsidenten, ins Ohr rufend) erzähl ich der Residenz eine Geschichte, wie man Präsident wird. *(Ab.)*
PRÄSIDENT *(wie vom Blitz gerührt).* Was ist das? – Ferdinand –
Lasst sie ledig! *(Er eilt dem Major nach.)*

DRITTER AKT

Saal beim Präsidenten.

ERSTE SZENE

Der Präsident und Sekretär Wurm kommen.

PRÄSIDENT. Der Streich war verwünscht.

WURM. Wie ich befürchtete, gnädiger Herr. Zwang e r b i t t e r t die Schwärmer immer, aber b e k e h r t sie nie.

PRÄSIDENT. Ich hatte mein bestes Vertrauen in diesen An-
5 schlag gesetzt. Ich urteilte so: Wenn das Mädchen b e s c h i m p f t wird, muss er, als Offizier, zurücktreten.

WURM. Ganz vortrefflich. Aber zum B e s c h i m p f e n hätt es auch kommen sollen.

PRÄSIDENT. Und doch – wenn ich es jetzt mit kaltem Blut
10 überdenke – Ich hätte mich nicht sollen eintreiben lassen. Es war eine Drohung, woraus er wohl nimmermehr Ernst ge-macht hätte.

WURM. Das denken Sie ja nicht. Der gereizten Leidenschaft ist keine Torheit zu bunt. Sie sagen mir, der Herr Major habe im-
15 mer den Kopf zu Ihrer Regierung geschüttelt. Ich glaub's. Die Grundsätze, die er aus Akademien hieher brachte, wollten mir gleich nicht recht einleuchten. Was sollten auch die phantasti-schen Träumereien von Seelengröße und persönlichem Adel an einem Hof, wo die größte Weisheit diejenige ist, im rechten
20 Tempo, auf eine geschickte Art, groß und klein zu sein. Er ist zu jung und zu feurig, um Geschmack am langsamen krummen Gang der Kabale zu finden, und nichts wird seine Ambition in Bewegung setzen, als was groß ist und abenteuerlich.

PRÄSIDENT *(verdrüsslich)*. Aber was wird diese wohlweise An-
25 merkung an unserm Handel verbessern?

WURM. Sie wird Euer Exzellenz auf die Wunde hinweisen und auch vielleicht auf den Verband. Einen solchen Charakter – er-lauben Sie – hätte man entweder nie zum V e r t r a u t e n, oder niemals zum F e i n d machen sollen. Er verabscheut das Mittel,
30 wodurch Sie gestiegen sind. Vielleicht war es bis jetzt nur der S o h n, der die Zunge des V e r r ä t e r s band. Geben Sie ihm Gelegenheit, jenen rechtmäßig abzuschütteln. Machen Sie ihn durch wiederholte Stürme auf seine Leidenschaft glauben, dass Sie der zärtliche V a t e r nicht sind, so dringen die Pflichten des
35 Patrioten bei ihm vor. Ja, schon allein die seltsame Phantasie,

der Gerechtigkeit ein so merkwürdiges Opfer zu bringen, könnte Reiz genug für ihn haben, selbst seinen Vater zu stürzen.

PRÄSIDENT. Wurm – Wurm – Er führt mich da vor einen entsetzlichen Abgrund.

WURM. Ich will Sie zurückführen, gnädiger Herr. Darf ich freimütig reden?

PRÄSIDENT *(indem er sich niedersetzt).* Wie ein Verdammter zum Mitverdammten.

WURM. Also verzeihen Sie – Sie haben, dünkt mich, der biegsamen Hofkunst den ganzen Präsidenten zu danken, warum vertrauten Sie ihr nicht auch den Vater an? Ich besinne mich, mit welcher Offenheit Sie Ihren Vorgänger damals zu einer Partie Piquet beredeten und bei ihm die halbe Nacht mit freundschaftlichem Burgunder hinwegschwemmten, und das war doch die nämliche Nacht, wo die große Mine losgehen und den guten Mann in die Luft blasen sollte – Warum zeigten Sie Ihrem Sohne den Feind? Nimmermehr hätte dieser erfahren sollen, dass ich um seine Liebesangelegenheit wisse. Sie hätten den Roman von Seiten des Mädchens unterhöhlt und das Herz Ihres Sohnes behalten. Sie hätten den klugen General gespielt, der den Feind nicht am Kern seiner Truppen fasst, sondern Spaltungen unter den Gliedern stiftet.

PRÄSIDENT. Wie war das zu machen?

WURM. Auf die einfachste Art – und die Karten sind noch nicht ganz vergeben. Unterdrücken Sie eine Zeit lang, dass Sie Vater sind. Messen Sie sich mit einer Leidenschaft nicht, die jeder Widerstand nur mächtiger machte – Überlassen Sie es mir, an ihrem eigenen Feuer den Wurm auszubrüten, der sie zerfrisst.

PRÄSIDENT. Ich bin begierig.

WURM. Ich müsste mich schlecht auf den Barometer der Seele verstehen, oder der Herr Major ist in der Eifersucht schrecklich wie in der Liebe. Machen Sie ihm das Mädchen verdächtig – – Wahrscheinlich oder nicht. Ein Gran Hefe reicht hin, die ganze Masse in eine zerstörende Gärung zu jagen.

PRÄSIDENT. Aber woher diesen Gran nehmen?

WURM. Da sind wir auf dem Punkt – Vor allen Dingen, gnädiger Herr, erklären Sie sich mir, wie viel Sie bei der fernern Weigerung des Majors auf dem Spiel haben – in welchem Grade es Ihnen wichtig ist, den Roman mit dem Bürgermädchen zu endigen und die Verbindung mit Lady Milford zustand zu bringen?

PRÄSIDENT. Kann Er noch fragen, Wurm? – Mein ganzer Ein-

fluss ist in Gefahr, wenn die Partie mit der Lady zurückgeht,
und wenn ich den Major zwinge, mein Hals.

WURM *(munter)*. Jetzt haben Sie die Gnade und hören. – Den
Herrn Major umspinnen wir mit List. Gegen das Mädchen neh-
5   men wir Ihre ganze Gewalt zu Hilfe. Wir diktieren ihr ein
Billetdoux an eine dritte Person in die Feder und
spielen das mit guter Art dem Major in die Hände.

PRÄSIDENT. Toller Einfall! Als ob sie sich so geschwind hin bequemen würde, ihr eigenes Todesurteil zu schreiben?

10   WURM. Sie muss, wenn Sie mir freie Hand lassen wollen. Ich
kenne das gute Herz auf und nieder. Sie hat nicht mehr als zwo
tödliche Seiten, durch welche wir ihr Gewissen bestürmen können – ihren Vater und den Major. Der Letztere bleibt ganz und
gar aus dem Spiel, desto freier können wir mit dem Musikanten

15   umspringen.

PRÄSIDENT. Als zum Exempel?

WURM. Nach dem, was Euer Exzellenz mir von dem Auftritt in
seinem Hause gesagt haben, wird nichts leichter sein, als den
Vater mit einem Halsprozess zu bedrohen. Die Person des

20   Günstlings und Siegelbewahrers ist gewissermaßen der Schatten der Majestät – Beleidigungen gegen jenen sind Verletzun-
gen dieser – Wenigstens will ich den armen Schächer mit diesem
zusammengeflickten Kobold durch ein Nadelöhr jagen.

PRÄSIDENT. Doch – ernsthaft dürfte der Handel nicht werden.

25   WURM. Ganz und gar nicht – Nur insoweit als es nötig ist, die Familie in die Klemme zu treiben – Wir setzen also in aller Stille
den Musikus fest – Die Not umso dringender zu machen, könnte man auch die Mutter mitnehmen – sprechen von peinlicher
Anklage, von Schafott, von ewiger Festung, und machen den

30   Brief der Tochter zur einzigen Bedingnis seiner Befreiung.

PRÄSIDENT. Gut! Gut! Ich verstehe.

WURM. Sie liebt ihren Vater – bis zur Leidenschaft möcht ich sagen. Die Gefahr seines Lebens – seiner Freiheit zum mindesten
– Die Vorwürfe ihres Gewissens, den Anlass dazu gegeben zu

35   haben – Die Unmöglichkeit, den Major zu besitzen – endlich
die Betäubung ihres Kopfs, die ich auf mich nehme – Es kann
nicht fehlen – Sie muss in die Falle gehn.

PRÄSIDENT. Aber mein Sohn? Wird der nicht auf der Stelle
Wind davon haben? Wird er nicht wütender werden?

40   WURM. Das lassen Sie meine Sorge sein, gnädiger Herr – Vater
und Mutter werden nicht eher freigelassen, bis die ganze Familie einen körperlichen Eid darauf abgelegt, den ganzen Vorgang
geheim zu halten und den Betrug zu bestätigen.

PRÄSIDENT. Einen Eid? Was wird ein Eid fruchten, Dummkopf?

WURM. Nichts bei u n s, gnädiger Herr. Bei d i e s e r Menschenart alles – Und sehen Sie nun, wie schön wir beide auf diese Manier zum Ziel kommen werden – Das Mädchen verliert die Liebe des Majors und den Ruf ihrer Tugend. Vater und Mutter ziehen gelindere Saiten auf, und durch und durch weich gemacht von Schicksalen dieser Art, erkennen sie's noch zuletzt für Erbarmung, wenn ich der Tochter durch meine Hand ihre Reputation wiedergebe.

PRÄSIDENT *(lacht unter Kopfschütteln).* Ja! ich gebe mich dir überwunden, Schurke. Das Geweb ist satanisch fein. Der Schüler übertrifft seinen Meister – – Nun ist die Frage, an w e n das Billet muss gerichtet werden? Mit w e m wir sie in Verdacht bringen müssen?

WURM. Notwendig mit jemand, der durch den Entschluss Ihres Sohnes alles gewinnen oder alles verlieren muss.

PRÄSIDENT *(nach einigem Nachdenken).* Ich weiß nur den Hofmarschall.

WURM *(zuckt die Achseln).* Mein Geschmack wär er nun freilich nicht, wenn ich Luise Millerin hieße.

PRÄSIDENT. Und warum nicht? Wunderlich! Eine blendende Garderobe – eine Atmosphäre von Eau de mille fleurs und Bisam – auf jedes alberne Wort eine Hand voll Dukaten – und alles das sollte die Delikatesse einer bürgerlichen Dirne nicht endlich bestechen können? – O guter Freund. So skrupulös ist die Eifersucht nicht. Ich schicke zum Marschall. *(Klingelt.)*

WURM. Unterdessen, dass Euer Exzellenz dieses und die Gefangennehmung des Geigers besorgen, werd ich hingehen und den bewussten Liebesbrief aufsetzen.

PRÄSIDENT *(zum Schreibpult gehend).* Den Er mir zum Durchlesen heraufbringt, sobald er zustand sein wird. *(Wurm geht ab. Der Präsident setzt sich zu schreiben; ein Kammerdiener kommt; er steht auf und gibt ihm ein Papier).* Dieser Verhaftsbefehl muss ohne Aufschub in die Gerichte – ein andrer von euch wird den Hofmarschall zu mir bitten.

KAMMERDIENER. Der gnädige Herr sind soeben hier angefahren.

PRÄSIDENT. Noch besser – Aber die Anstalten sollen mit Vorsicht getroffen werden, sagt ihr, dass kein Aufstand erfolgt.

KAMMERDIENER. Sehr wohl, Ihr' Exzellenz.

PRÄSIDENT. Versteht ihr? Ganz in der Stille.

KAMMERDIENER. Ganz gut, Ihr' Exzellenz. *(Ab.)*

- Präsident und Hofmarschall diskutieren

ZWEITE SZENE

Der Präsident und der Hofmarschall.

HOFMARSCHALL *(eilfertig)*. Nur en passant, mein Bester. – Wie leben Sie? Wie befinden Sie sich? – Heute Abend ist große Opera Dido – das süperbeste Feuerwerk – eine ganze Stadt brennt zusammen – Sie sehen sie doch auch brennen? Was?

5　PRÄSIDENT. Ich habe Feuerwerks genug in meinem eigenen Hause, das meine ganze Herrlichkeit in die Luft nimmt – Sie kommen erwünscht, lieber Marschall, mir in einer Sache zu raten, tätig zu helfen, die uns beide poussiert oder völlig zugrund richtet. Setzen Sie sich.

10　HOFMARSCHALL. Machen Sie mir nicht Angst, mein Süßer.

PRÄSIDENT. Wie gesagt – poussiert oder ganz zugrund richtet. Sie wissen mein Projekt mit dem Major und der Lady. Sie begreifen auch, wie unentbehrlich es war, unser beider Glück zu fixieren. Es kann alles zusammenfallen, Kalb. Mein Ferdinand

15　will nicht.

HOFMARSCHALL. Will nicht – will nicht – ich hab's ja in der ganzen Stadt schon herumgesagt. Die Mariage ist ja in jedermanns Munde.

PRÄSIDENT. Sie können vor der ganzen Stadt als Windmacher

20　dastehen. Er liebt eine andere.

HOFMARSCHALL. Sie scherzen. Ist das auch wohl ein Hindernis?

PRÄSIDENT. Bei dem Trotzkopf das unüberwindlichste.

HOFMARSCHALL. Er sollte so wahnsinnig sein und sein For-

25　tune von sich stoßen? Was?

PRÄSIDENT. Fragen Sie ihn das und hören Sie, was er antwortet.

HOFMARSCHALL. Aber mon Dieu! Was kann er denn antworten?

PRÄSIDENT. Dass er der ganzen Welt das Verbrechen ent-

30　decken wolle, wodurch wir gestiegen sind – dass er unsere falschen Briefe und Quittungen angeben – dass er uns beide ans Messer liefern wolle – Das kann er antworten.

HOFMARSCHALL. Sind Sie von Sinnen?

PRÄSIDENT. Das hat er geantwortet. Das war er schon willens

35　ins Werk zu richten – Davon hab ich ihn kaum noch durch meine höchste Erniedrigung abgebracht. Was wissen Sie hierauf zu sagen?

HOFMARSCHALL *(mit einem Schafsgesicht)*. Mein Verstand steht still.

PRÄSIDENT. Das könnte noch hingehen. Aber zugleich hinter-
bringen mir meine Spionen, dass der Oberschenk von Bock auf
dem Sprunge sei, um die Lady zu werben.

HOFMARSCHALL. Sie machen mich rasend. Wer sagen Sie?
Von Bock sagen Sie? – Wissen Sie denn auch, dass wir Todfein-
de zusammen sind? Wissen Sie auch, warum wir es sind?

PRÄSIDENT. Das erste Wort, das ich höre.

HOFMARSCHALL. Bester! Sie werden hören und aus der Haut
werden Sie fahren – Wenn Sie sich noch des Hofballs entsinnen –
– es geht jetzt ins einundzwanzigste Jahr – wissen Sie, worauf
man den ersten Englischen tanzte, und dem Grafen von Meer-
schaum das heiße Wachs von einem Kronleuchter auf den Domino tröpfelte – Ach Gott! das müssen Sie freilich noch wissen!

PRÄSIDENT. Wer könnte so was vergessen?

HOFMARSCHALL. Sehen Sie! Da hatte Prinzessin Amalie in
der Hitze des Tanzes ein Strumpfband verloren. – Alles
kommt, wie begreiflich ist, in Alarm – von Bock und ich – wir
waren noch Kammerjunker – wir kriechen durch den ganzen
Redoutensaal, das Strumpfband zu suchen – endlich erblick
ich's – von Bock merkt's – von Bock darauf zu – reißt es mir aus
den Händen – ich bitte Sie! – bringt's der Prinzessin und
schnappt mir glücklich das Kompliment weg – Was denken Sie?

PRÄSIDENT. Impertinent!

HOFMARSCHALL. Schnappt mir das Kompliment weg – Ich
meine in Ohnmacht zu sinken. Eine solche Malice ist gar nicht
erlebt worden. – Endlich ermann ich mich, nähere mich Ihrer
Durchlaucht und spreche: Gnädigste Frau! von Bock war so
glücklich, Höchstdenenselben das Strumpfband zu überrei-
chen, aber wer das Strumpfband zuerst erblickte, belohnt sich
in der Stille und schweigt.

PRÄSIDENT. Bravo, Marschall! Bravissimo!

HOFMARSCHALL. Und schweigt – Aber ich werd's dem von
Bock bis zum Jüngsten Gerichte noch nachtragen – der nieder-
trächtige kriechende Schmeichler! – und das war noch nicht genug – wie wir beide zugleich auf das Strumpfband zu Boden fallen, wischt mir von Bock an der rechten Frisur allen Puder weg,
und ich bin ruiniert auf den ganzen Ball.

PRÄSIDENT. Das ist der Mann, der die Milford heuraten und
die erste Person am Hof werden wird.

HOFMARSCHALL. Sie stoßen mir ein Messer ins Herz. Wird?
Wird? Warum wird er? Wo ist die Notwendigkeit?

PRÄSIDENT. Weil mein Ferdinand nicht will und sonst keiner
sich meldet.

HOFMARSCHALL. Aber wissen Sie denn gar kein einziges Mittel, den Major zum Entschluss zu bringen? – – Sei's auch noch so bizarr! so verzweifelt! – Was in der Welt kann so widrig sein, das uns jetzt nicht willkommen wäre, den verhassten von

5 Bock auszustechen?

PRÄSIDENT. Ich weiß nur eines, und das bei Ihnen steht.

HOFMARSCHALL. Bei mir steht? Und das ist?

PRÄSIDENT. Den Major mit seiner Geliebten zu entzweien.

HOFMARSCHALL. Zu entzweien? Wie meinen Sie das? – und

10 wie mach ich das?

PRÄSIDENT. Alles ist gewonnen, sobald wir ihm das Mädchen verdächtig machen.

HOFMARSCHALL. Dass sie stehle, meinen Sie?

PRÄSIDENT. Ach nein doch! Wie glaubte er das? – dass sie es

15 noch mit einem andern habe.

HOFMARSCHALL. Dieser andre?

PRÄSIDENT. Müssten Sie sein, Baron.

HOFMARSCHALL. Ich sein? Ich? – Ist sie von Adel?

PRÄSIDENT. Wozu das? Welcher Einfall! – eines Musikanten

20 Tochter.

HOFMARSCHALL. Bürgerlich also? Das wird nicht angehen. Was?

PRÄSIDENT. Was wird nicht angehen? Narrenspossen! Wem unter der Sonne wird es einfallen, ein paar runde Wangen nach

25 dem Stammbaum zu fragen?

HOFMARSCHALL. Aber bedenken Sie doch, ein Ehmann! Und meine Reputation bei Hofe.

PRÄSIDENT. Das ist was anders. Verzeihen Sie. Ich hab das noch nicht gewusst, dass Ihnen der Mann von unbescholtenen

30 Sitten mehr ist als der von Einfluss. Wollen wir abbrechen?

HOFMARSCHALL. Seien Sie klug, Baron. Es war ja nicht so verstanden.

PRÄSIDENT (*frostig*). Nein – nein! Sie haben vollkommen Recht. Ich bin es auch müde. Ich lasse den Karren stehen. Dem

35 von Bock wünsch ich Glück zum Premierminister. Die Welt ist noch anderswo. Ich fodre meine Entlassung vom Herzog.

HOFMARSCHALL. Und ich? – Sie haben gut schwatzen, Sie! Sie sind ein Stuttierter! Aber ich? – Mon Dieu! was bin dann ich, wenn mich Seine Durchleucht entlassen?

40 PRÄSIDENT. Ein Bonmot von vorgestern. Die Mode vom vorigen Jahr.

HOFMARSCHALL. Ich beschwöre Sie, Teurer, Goldner! – Ersticken Sie diesen Gedanken! Ich will mir ja alles gefallen lassen.

PRÄSIDENT. Wollen Sie Ihren Namen zu einem Rendezvous hergeben, den Ihnen diese Millerin schriftlich vorschlagen soll?

HOFMARSCHALL. Im Namen Gottes! Ich will ihn hergeben.

PRÄSIDENT. Und den Brief irgendwo herausfallen lassen, wo er dem Major zu Gesicht kommen muss?

HOFMARSCHALL. Zum Exempel auf der Parade will ich ihn, als von ohngefähr, mit dem Schnupftuch herausschleudern.

PRÄSIDENT. Und die Rolle ihres Liebhabers gegen den Major behaupten?

HOFMARSCHALL. Mort de ma vie! Ich will ihn schon waschen! Ich will dem Naseweis den Appetit nach meinen Amouren verleiden.

PRÄSIDENT. Nun geht's nach Wunsch. Der Brief muss noch heute geschrieben sein. Sie müssen vor Abend noch herkommen, ihn abzuholen und Ihre Rolle mit mir zu berichtigen.

HOFMARSCHALL. Sobald ich sechzehn Visiten werde gegeben haben, die von allerhöchster Importance sind. Verzeihen Sie also, wenn ich mich ohne Aufschub beurlaube. *(Geht.)*

PRÄSIDENT *(klingelt)*. Ich zähle auf Ihre Verschlagenheit, Marschall.

HOFMARSCHALL *(ruft zurück)*. Ah, mon Dieu! Sie kennen mich ja.

Präsident begeistert vom Brief.

DRITTE SZENE

Der Präsident und Wurm.

WURM. Der Geiger und seine Frau sind glücklich und ohne alles Geräusch in Verhaft gebracht. Wollen Euer Exzellenz jetzt den Brief überlesen?

PRÄSIDENT *(nachdem er gelesen)*. Herrlich! Herrlich, Sekretär! Auch der Marschall hat angebissen! – Ein Gift wie das müsste die Gesundheit selbst in eiternden Aussatz verwandeln – Nun gleich mit den Vorschlägen zum Vater, und dann warm zu der Tochter. *(Gehn ab zu verschiedenen Seiten.)*

Kabale verläuft nach Plan

VIERTE SZENE

Zimmer in Millers Wohnung.

Luise und Ferdinand.

LUISE. Ich bitte dich, höre auf. Ich glaube an keine glückliche Tage mehr. Alle meine Hoffnungen sind gesunken.

FERDINAND. So sind die meinigen gestiegen. Mein Vater ist aufgereizt. Mein Vater wird alle Geschütze gegen uns richten.
5 Er wird mich zwingen, den unmenschlichen Sohn zu machen. Ich stehe nicht mehr für meine kindliche Pflicht. Wut und Verzweiflung werden mir das schwarze Geheimnis seiner Mordtat erpressen. Der Sohn wird den Vater in die Hände des Henkers liefern – Es ist die höchste Gefahr – – und die höchste Gefahr
10 musste da sein, wenn meine Liebe den Riesensprung wagen sollte. – – Höre, Luise – ein Gedanke, groß und vermessen wie meine Leidenschaft, drängt sich vor meine Seele – Du, Luise, und ich und die Liebe! – – Liegt nicht in diesem Zirkel der ganze Himmel? oder brauchst du noch etwas Viertes dazu?
15 LUISE. Brich ab. Nichts mehr. Ich erblasse über das, was du sagen willst.

FERDINAND. Haben wir an die Welt keine Foderung mehr, warum denn ihren Beifall erbetteln? Warum wagen, wo nichts gewonnen wird und alles verloren werden kann? – Wird die-
20 ses Aug nicht ebenso schmelzend funkeln, ob es im Rhein oder in der Elbe sich spiegelt oder im Baltischen Meer? Mein Vaterland ist, wo mich Luise liebt. Deine Fußtapfe in wilden sandigten Wüsten mir interessanter als das Münster in meiner Heimat – Werden wir die Pracht der Städte vermissen? Wo
25 wir sein mögen, Luise, geht eine Sonne auf, eine unter – Schauspiele, neben welchen der üppigste Schwung der Künste verblasst. Werden wir Gott in keinem Tempel mehr dienen, so ziehet die Nacht mit begeisternden Schauern auf, der wechselnde Mond predigt uns Buße, und eine andächtige Kirche
30 von Sternen betet mit uns. Werden wir uns in Gesprächen der Liebe erschöpfen? – Ein Lächeln meiner Luise ist Stoff für Jahrhunderte, und der Traum des Lebens ist aus, bis ich diese Träne ergründe.

LUISE. Und hättest du sonst keine Pflicht mehr als deine Liebe?
35 FERDINAND (*sie umarmend*). Deine Ruhe ist meine heiligste.

LUISE (*sehr ernsthaft*). So schweig und verlass mich – Ich habe einen Vater, der kein Vermögen hat als diese einzige Tochter –

Luise erzählt, dass er sie verlassen soll bzw. sie ihn verlässt,

der morgen sechzig alt wird – der der Rache des Präsidenten gewiss ist. –

FERDINAND *(fällt rasch ein)*. Der uns begleiten wird. Darum
keinen Einwurf mehr, Liebe. Ich gehe, mache meine Kostbar-
keiten zu Geld, erhebe Summen auf meinen Vater. Es ist erlaubt,   5
einen Räuber zu plündern, und sind seine Schätze nicht Blutgeld
des Vaterlands? – Schlag e i n Uhr um Mitternacht wird ein Wagen hier anfahren. Ihr werft euch hinein. Wir fliehen.

LUISE. Und der Fluch deines Vaters uns nach? – ein Fluch, Unbe-
sonnener, den auch Mörder nie ohne Erhörung aussprechen, den   10
die Rache des Himmels auch dem Dieb auf dem Rade hält, der
uns Flüchtlinge unbarmherzig wie ein Gespenst von Meer zu
Meer jagen würde? – Nein, mein Geliebter! Wenn nur ein Frevel
dich mir erhalten kann, so hab ich noch Stärke, dich zu verlieren.

FERDINAND *(steht still und murmelt düster)*. Wirklich?   15

LUISE. Verlieren! – O ohne Grenzen entsetzlich ist der Gedanke – Grässlich genug, den unsterblichen Geist zu durchbohren
und die glühende Wange der Freude zu bleichen – Ferdinand!
dich zu verlieren! – Doch! Man verliert ja nur, was man besessen
hat, und dein Herz gehört deinem Stande – Mein Anspruch war   20
Kirchenraub, und schaudernd geb ich ihn auf.

FERDINAND *(das Gesicht verzerrt und an der Unterlippe na-
gend)*. Gibst du ihn auf?

LUISE. Nein! Sieh mich an, lieber Walter. Nicht so bitter die Zähne geknirscht. Komm! Lass mich jetzt deinen sterbenden Mut   25
durch mein Beispiel beleben. Lass m i c h die Heldin dieses Au-
genblicks sein – einem Vater den entflohenen Sohn wieder-
schenken – einem Bündnis entsagen, das die Fugen der Bürger-
welt auseinander treiben und die allgemeine ewige Ordnung
zugrund stürzen würde – I c h bin die Verbrecherin – mit fre-   30
chen, törichten Wünschen hat sich mein Busen getragen – mein
Unglück ist meine S t r a f e , so lass mir doch jetzt die süße,
schmeichelnde Täuschung, dass es mein Opfer war – Wirst du
mir diese Wollust missgönnen?

FERDINAND *(hat in der Zerstreuung und Wut eine Violine er-*   35
griffen und auf derselben zu spielen versucht – Jetzt zerreißt er
die Saiten, zerschmettert das Instrument auf dem Boden und
bricht in ein lautes Gelächter aus).

LUISE. Walter! Gott im Himmel! Was soll das? – Ermanne dich.
Fassung verlangt diese Stunde – es ist eine t r e n n e n d e . Du hast   40
ein Herz, lieber Walter. Ich k e n n e es. Warm wie das Leben ist
deine Liebe und ohne Schranken wie 's Unermessliche – Schen-
ke sie einer E d e l n und Würdigern – sie wird die Glücklichsten

ihres Geschlechts nicht beneiden – – *(Tränen unterdrückend.)*
mich sollst du nicht mehr sehn – Das eitle betrogene Mädchen
verweine seinen Gram in einsamen Mauren, um seine Tränen
wird sich niemand bekümmern – Leer und erstorben ist meine
Zukunft – Doch werd ich noch je und je am verwelkten Strauß
der Vergangenheit riechen. *(Indem sie ihm mit abgewandtem
Gesicht ihre zitternde Hand gibt.)* Leben Sie wohl, Herr von
Walter.

FERDINAND *(springt aus seiner Betäubung auf)*. Ich entfliehe,
Luise. Wirst du mir wirklich nicht folgen?

LUISE *(hat sich im Hintergrund des Zimmers niedergesetzt und
hält das Gesicht mit beiden Händen bedeckt)*. Meine Pflicht
heißt mich bleiben und dulden.

FERDINAND. Schlange, du lügst. Dich fesselt was anders hier.

LUISE *(im Ton des tiefsten inwendigen Leidens)*. Bleiben Sie bei
dieser Vermutung – sie macht vielleicht weniger elend.

FERDINAND. Kalte Pflicht gegen feurige Liebe! – Und mich
soll das Märchen blenden? – Ein Liebhaber fesselt dich, und
Weh über dich und ihn, wenn mein Verdacht sich bestätigt!
(Geht schnell ab.)

FÜNFTE SZENE

Luise allein.

*(Sie bleibt noch eine Zeit lang ohne Bewegung und stumm
in dem Sessel liegen, endlich steht sie auf, kommt vorwärts und
sieht furchtsam herum.)*

LUISE. Wo meine Eltern bleiben? – Mein Vater versprach, in wenigen Minuten zurück zu sein, und schon sind fünf volle fürchterliche Stunden vorüber – Wenn ihm ein Unfall – Wie wird
mir? – Warum geht mein Odem so ängstlich?
*(Jetzt tritt Wurm in das Zimmer und bleibt im Hintergrund
stehen, ohne von ihr bemerkt zu werden.)*
Es ist nichts Wirkliches – Es ist nichts als das schaudernde Gau-
kelspiel des erhitzten Geblüts – Hat unsre Seele nur einmal Entsetzen genug in sich getrunken, so wird das Aug in jedem Winkel Gespenster sehn.

SECHSTE SZENE

Luise und Sekretär Wurm.

WURM *(kommt näher)*. Guten Abend, Jungfer.

LUISE. Gott! Wer spricht da? *(Sie dreht sich um, wird den Sekretär gewahr und tritt erschrocken zurück.)* Schrecklich! Schrecklich! Meiner ängstlichen Ahndung eilt schon die unglückseligste Erfüllung nach! *(Zum Sekretär mit einem Blick voll Verachtung.)* Suchen Sie etwa den Präsidenten? Er ist nicht mehr da.

WURM. Jungfer, ich suche Sie.

LUISE. So muss ich mich wundern, dass Sie nicht nach dem Marktplatz gingen.

WURM. Warum eben dahin?

LUISE. Ihre Braut von der Schandbühne abzuholen.

WURM. Mamsell Millerin, Sie haben einen falschen Verdacht –

LUISE *(unterdrückt eine Antwort)*. Was steht Ihnen zu Diensten?

WURM. Ich komme, geschickt von Ihrem Vater.

LUISE *(bestürzt)*. Von meinem Vater? – Wo ist mein Vater?

WURM. Wo er nicht gern ist.

LUISE. Um Gottes willen! Geschwind! Mich befällt eine üble Ahndung – Wo ist mein Vater?

WURM. Im Turm, wenn Sie es ja wissen wollen.

LUISE *(mit einem Blick zum Himmel)*. Das noch! das auch noch! – – Im Turm? Und warum im Turm?

WURM. Auf Befehl des Herzogs.

LUISE. Des Herzogs?

WURM. Der die Verletzung der Majestät in der Person seines Stellvertreters –

LUISE. Was? Was? O ewige Allmacht!

WURM. Auffallend zu ahnden beschlossen hat.

LUISE. Das war noch übrig! Das! – freilich, freilich, mein Herz hatte noch außer dem Major etwas Teures – Das durfte nicht übergangen werden – Verletzung der Majestät – Himmlische Vorsicht! Rette, o rette meinen sinkenden Glauben! – Und Ferdinand?

WURM. Wählt Lady Milford oder Fluch und Enterbung.

LUISE. Entsetzliche Freiheit! – und doch – doch ist er glücklicher. Er hat keinen Vater zu verlieren. Zwar keinen haben ist Verdammnis genug! – Mein Vater auf Verletzung der Majestät – mein Geliebter die Lady oder Fluch und Enterbung – Wahrlich bewundernswert! Eine vollkommene Büberei ist auch eine

Vollkommenheit – Vollkommenheit? Nein! dazu fehlte noch
etwas – – Wo ist meine Mutter?

WURM. Im Spinnhaus.

LUISE *(mit schmerzvollem Lächeln).* Jetzt ist es völlig! – völlig,
und jetzt wär ich ja frei – Abgeschält von allen Pflichten – und
Tränen – und Freuden. Abgeschält von der Vorsicht. Ich
brauch sie ja nicht mehr – *(Schreckliches Stillschweigen.)* Haben
Sie vielleicht noch eine Zeitung? Reden Sie immerhin. Jetzt
kann ich alles hören.

WURM. Was geschehen ist, wissen Sie.

LUISE. Also nicht, was noch kommen wird? *(Wiederum Pause,
worin sie den Sekretär von oben bis unten ansieht.)* Armer
Mensch! Du treibst ein trauriges Handwerk, wobei du ohnmöglich selig werden kannst. Unglückliche machen ist schon
schrecklich genug, aber grässlich ist's, es ihnen verkündigen – ihn vorzusingen, den Eulengesang, dabeizustehn, wenn
das blutende Herz am eisernen Schaft der Notwendigkeit
zittert und Christen an Gott zweifeln. – Der Himmel bewahre
mich! und würde dir jeder Angsttropfe, den du fallen siehst, mit
einer Tonne Golds aufgewogen – ich möchte nicht du sein – –
Was kann noch geschehen?

WURM. Ich weiß nicht.

LUISE. Sie wollen nicht wissen? – Diese lichtscheue Botschaft
fürchtet das Geräusch der Worte, aber in der Grabstille Ihres
Gesichts zeigt sich mir das Gespenst – Was ist noch übrig – Sie
sagten vorhin, der Herzog wolle es auffallend ahnden? Was
nennen Sie auffallend?

WURM. Fragen Sie nichts mehr.

LUISE. Höre, Mensch! Du gingst beim Henker zur Schule. Wie
verstündest du sonst, das Eisen erst langsam-bedächtlich an den
knirschenden Gelenken hinaufzuführen und das zuckende
Herz mit dem Streich der Erbarmung zu necken? – Welches
Schicksal wartet auf meinen Vater? Es ist Tod in dem, was du lachend sagst, wie mag das aussehen, was du an dich hältst? Sprich
es aus. Lass mich sie auf einmal haben, die ganze zermalmende
Ladung. Was wartet auf meinen Vater?

WURM. Ein Kriminalprozess.

LUISE. Was ist aber das? – Ich bin ein unwissendes unschuldiges
Ding, verstehe mich wenig auf eure fürchterliche lateinische
Wörter. Was heißt Kriminalprozess?

WURM. Gericht um Leben und Tod.

LUISE *(standhaft).* So dank ich Ihnen! *(Sie eilt schnell in ein Sei-
tenzimmer.)*

WURM *(steht betroffen da)*. Wo will das hinaus? Sollte die Närrin etwa? – Teufel! sie wird doch nicht – Ich eile nach – ich muss für ihr Leben bürgen. *(Im Begriff, ihr zu folgen.)*

LUISE *(kommt zurück, einen Mantel umgeworfen)*. Verzeihen Sie, Sekretär. Ich schließe das Zimmer.   5

WURM. Und wohin denn so eilig?

LUISE. Zum Herzog. *(Will fort.)*

WURM. Was? Wohin? *(Er hält sie erschrocken zurück.)*

LUISE. Zum Herzog. Hören Sie nicht? Zu eben dem Herzog, der meinen Vater auf Tod und Leben will richten lassen – Nein!   10
Nicht will – muss richten lassen, weil einige Böswichter wollen; der zu dem ganzen Prozess der beleidigten Majestät nichts hergibt als eine Majestät und seine fürstliche Handschrift.

WURM *(lacht überlaut)*. Zum Herzog!   15

LUISE. Ich weiß, worüber Sie lachen – aber ich will ja auch kein Erbarmen dort finden – Gott bewahre mich! nur Ekel – Ekel nur an meinem Geschrei. Man hat mir gesagt, dass die Großen der Welt noch nicht belehrt sind, was Elend ist – nicht wollen belehrt sein. Ich will ihm sagen, was Elend ist – will es ihm vor-   20
malen in allen Verzerrungen des Todes, was Elend ist – will es ihm vorheulen in Mark und Bein zermalmenden Tönen, was Elend ist – und wenn ihm jetzt über der Beschreibung die Haare zu Berge fliegen, will ich ihm noch zum Schluss in die Ohren schreien, dass in der Sterbestunde auch die Lungen der Erden-   25
götter zu röcheln anfangen, und das Jüngste Gericht Majestäten und Bettler in dem nämlichen Siebe rüttle. *(Sie will gehen.)*

WURM *(boshaft freundlich)*. Gehen Sie, o gehen Sie ja. Sie können wahrlich nichts Klügeres tun. Ich rate es Ihnen, gehen Sie, und ich gebe Ihnen mein Wort, dass der Herzog willfahren wird.   30

LUISE *(steht plötzlich still)*. Wie sagen Sie? – Sie raten mir selbst dazu? *(Kommt schnell zurück.)* Hm! Was will ich denn? Etwas Abscheuliches muss es sein, weil dieser Mensch dazu ratet – Woher wissen Sie, dass der Fürst mir willfahren wird?

WURM. Weil er es nicht wird umsonst tun dürfen.   35

LUISE. Nicht umsonst? Welchen Preis kann er auf eine Menschlichkeit setzen?

WURM. Die schöne Supplikantin ist Preises genug.

LUISE *(bleibt erstarrt stehn, dann mit brechendem Laut)*. Allgerechter!   40

WURM. Und einen Vater werden Sie doch, will ich hoffen, um diese gnädige Taxe nicht überfodert finden?

LUISE *(auf und ab, außer Fassung)*. Ja! Ja! Es ist wahr. Sie sind

verschanzt, eure Großen – verschanzt vor der Wahrheit hinter
ihre eigene Laster, wie hinter Schwerter der Cherubim – Helfe
dir der Allmächtige, Vater. Deine Tochter kann für dich sterben, aber nicht sündigen.

5 WURM. Das mag ihm wohl eine Neuigkeit sein, dem armen ver-
lassenen Mann – „Meine Luise", sagte er mir, „hat mich zu Boden geworfen. Meine Luise wird mich auch aufrichten." – Ich
eile, Mamsell, ihm die Antwort zu bringen. *(Stellt sich, als ob er
ginge.)*

10 LUISE *(eilt ihm nach, hält ihn zurück).* Bleiben Sie! Bleiben Sie!
Geduld! – Wie flink dieser Satan ist, wenn es gilt, Menschen rasend zu machen! – Ich hab ihn niedergeworfen. Ich muss ihn
aufrichten. Reden Sie! Raten Sie! Was kann ich? Was muss ich
tun?

15 WURM. Es ist nur ein Mittel.

LUISE. Dieses einzige Mittel?

WURM. Auch Ihr Vater wünscht –

LUISE. Auch mein Vater? – Was ist das für ein Mittel?

WURM. Es ist Ihnen leicht.

20 LUISE. Ich kenne nichts Schwerers als die Schande.

WURM. Wenn Sie den Major wieder frei machen wollen?

LUISE. Von seiner Liebe? Spotten Sie meiner? – Das meiner
Willkür zu überlassen, wozu ich gezwungen ward?

WURM. So ist es nicht gemeint, liebe Jungfer. Der Major muss
25 zuerst und freiwillig zurücktreten.

LUISE. Er wird nicht.

WURM. So scheint es. Würde man denn wohl seine Zuflucht zu
Ihnen nehmen, wenn nicht Sie allein dazu helfen könnten?

LUISE. Kann ich ihn zwingen, dass er mich hassen muss?

30 WURM. Wir wollen versuchen. Setzen Sie sich.

LUISE *(betreten).* Mensch! Was brütest du?

WURM. Setzen Sie sich. Schreiben Sie! Hier ist Feder, Papier und
Dinte.

LUISE *(setzt sich in höchster Beunruhigung).* Was soll ich schrei-
35 ben? An wen soll ich schreiben?

WURM. An den Henker Ihres Vaters.

LUISE. Ha! du verstehst dich darauf, Seelen auf die Folter zu
schrauben. *(Ergreift eine Feder.)*

WURM *(diktiert).* „Gnädiger Herr" –

40 LUISE *(schreibt mit zitternder Hand).*

WURM. „Schon drei unerträgliche Tage sind vorüber – – sind
vorüber – und wir sahen uns nicht"

LUISE *(stutzt, legt die Feder weg).* An wen ist der Brief?

Wurm diktiert sie den Brief

WURM. An den Henker Ihres Vaters.

LUISE. O mein Gott!

WURM. „Halten Sie sich deswegen an den Major – an den Major
– der mich den ganzen Tag wie ein Argus hütet" –

LUISE *(springt auf)*. Büberei, wie noch keine erhört worden! An   5
wen ist der Brief?

WURM. An den Henker Ihres Vaters.

LUISE *(die Hände ringend auf und nieder)*. Nein! Nein! Nein!
Das ist tyrannisch, o Himmel! Strafe Menschen menschlich,
wenn sie dich reizen, aber warum mich zwischen zwei Schröck-   10
nisse pressen? Warum zwischen Tod und Schande mich hin
und her wiegen? Warum diesen Blut saugenden Teufel mir auf
den Nacken setzen? – Macht, was ihr wollt. Ich schreibe das
nimmermehr.

WURM *(greift nach dem Hut)*. Wie Sie wollen, Mademoiselle.   15
Das steht ganz in Ihrem Belieben.

LUISE. B e l i e b e n, sagen Sie? In meinem Belieben? – Geh, Barbar! hänge einen Unglücklichen über dem Abgrund der Hölle
aus, bitt ihn um etwas, und lästre Gott, und frag ihn, ob's ihm
b e l i e b e? – O du weißt allzu gut, dass unser Herz an natürli-   20
chen Trieben so fest als an Ketten liegt – Nunmehr ist alles
gleich. Diktieren Sie weiter. Ich denke nichts mehr. Ich weiche
der überlistenden Hölle. *(Sie setzt sich zum zweiten Mal.)*

WURM. „Den ganzen Tag wie ein Argus hütet" – Haben Sie das?

LUISE. Weiter! weiter!   25

WURM. „Wir haben gestern den Präsidenten im Haus gehabt. Es
war possierlich zu sehen, wie der gute Major um meine Ehre
sich wehrte."

LUISE. O schön, schön! o herrlich! – Nur immer fort.

WURM. „Ich nahm meine Zuflucht zu einer Ohnmacht – zu einer   30
Ohnmacht – dass ich nicht laut lachte." –

LUISE. O Himmel!

WURM. „Aber bald wird mir meine Maske unerträglich – unerträglich – Wenn ich nur loskommen könnte" –

LUISE *(hält inne, steht auf, geht auf und nieder, den Kopf gesenkt,*   35
als suchte sie was auf dem Boden; dann setzt sie sich wiederum,
schreibt weiter). „Loskommen könnte" –

WURM. „Morgen hat er den Dienst – Passen Sie ab, wenn er von
mir geht, und kommen an den bewussten Ort" – Haben Sie
„bewussten"?   40

LUISE. Ich habe alles.

WURM. „An den bewussten Ort zu Ihrer zärtlichen … Luise."

LUISE. Nun fehlt die Adresse noch.

WURM. „An Herrn Hofmarschall von Kalb."

LUISE. Ewige Vorsicht! ein Name, so fremd meinen Ohren, als meinem Herzen diese schändlichen Zeilen. *(Sie steht auf und betrachtet eine große Pause lang mit starrem Blick das Ge-*
5　*schriebene, endlich reicht sie es dem Sekretär, mit erschöpfter hinsterbender Stimme.)* Nehmen Sie, mein Herr. Es ist mein ehrlicher Name – es ist Ferdinand – ist die ganze Wonne meines Lebens, was ich jetzt in Ihre Hände gebe – Ich bin eine Bettlerin!

10　WURM. O nein doch! Verzagen Sie nicht, liebe Mademoiselle. Ich habe herzliches Mitleid mit Ihnen. Vielleicht – wer weiß? – Ich könnte mich noch wohl über gewisse Dinge hinwegsetzen – Wahrlich! Bei Gott! Ich habe Mitleid mit Ihnen.

LUISE *(blickt ihn starr und durchdringend an)*. Reden Sie nicht
15　aus, mein Herr. Sie sind auf dem Wege, sich etwas Entsetzliches zu wünschen.

WURM *(im Begriff, ihre Hand zu küssen)*. Gesetzt, es wäre diese niedliche Hand – Wieso, liebe Jungfer?

LUISE *(groß und schrecklich)*. Weil ich dich in der Brautnacht
20　erdrosselte und mich dann mit Wollust aufs Rad flechten ließe. *(Sie will gehen, kommt aber schnell zurück.)* Sind wir jetzt fertig, mein Herr? Darf die Taube nun fliegen?

WURM. Nur noch die Kleinigkeit, Jungfer. Sie müssen mit mir und das Sakrament darauf nehmen, diesen Brief für einen frei-
25　willigen zu erkennen.

LUISE. Gott! Gott! und du selbst musst das Siegel geben, die Werke der Hölle zu verwahren?

　　　　　(Wurm zieht sie fort.)

VIERTER AKT

Saal beim Präsidenten.

ERSTE SZENE

Ferdinand von Walter, einen offenen Brief in der Hand,
kommt stürmisch durch eine Türe, durch eine andre ein
Kammerdiener.

FERDINAND. War kein Marschall da?
KAMMERDIENER. Herr Major, der Herr Präsident fragen
nach Ihnen.
FERDINAND. Alle Donner! Ich frag, war kein Marschall da?
KAMMERDIENER. Der gnädige Herr sitzen oben am Pharo-   5
tisch.
FERDINAND. Der gnädige Herr soll im Namen der ganzen
Hölle daherkommen.
(Kammerdiener geht.)

ZWEITE SZENE

Ferdinand allein, den Brief durchfliegend, bald erstarrend,
bald wütend herumstürzend.

FERDINAND. Es ist nicht möglich. Nicht möglich. Diese
himmlische Hülle versteckt kein so teuflisches Herz – – Und   10
doch! doch! Wenn alle Engel heruntersterstiegen, für ihre Unschuld bürgten – wenn Himmel und Erde, wenn Schöpfung
und Schöpfer zusammenträten, für ihre Unschuld bürgten – es
ist ihre Hand – ein unerhörter ungeheurer Betrug, wie die
Menschheit noch keinen erlebte! – Das also war's, warum man   15
sich so beharrlich der Flucht widersetzte! – Darum – o Gott!
jetzt erwach ich, jetzt enthüllt sich mir alles! – Darum gab man
seinen Anspruch auf meine Liebe mit so viel Heldenmut auf,
und bald, bald hätte selbst mich die himmlische Schminke betrogen!   20
(Er stürzt rascher durchs Zimmer, dann steht er wieder nach-
denkend still.)
Mich so ganz zu ergründen! – Jedes kühne Gefühl, jede leise
schüchterne Bebung zu erwidern, jede feurige Wallung – An
der feinsten Unbeschreiblichkeit eines schwebenden Lauts

meine Seele zu fassen – Mich zu berechnen in einer Träne – Auf
jeden gähen Gipfel der Leidenschaft mich zu begleiten, mir zu
begegnen vor jedem schwindelnden Absturz – Gott! Gott! und
alles das nichts als Grimasse? – Grimasse? – O wenn die Lüge eine so haltbare Farbe hat, wie ging es zu, dass sich kein Teufel noch in das Himmelreich hineinlog?
Da ich ihr die Gefahr unsrer Liebe entdeckte, mit welch über-
zeugender Täuschung erblasste die Falsche da! Mit welch sie-
gender Würde schlug sie den frechen Hohn meines Vaters zu
Boden, und in eben dem Augenblick fühlte das Weib sich doch
schuldig – Was? hielt sie nicht selbst die Feuerprobe der Wahrheit aus – die Heuchlerin sinkt in Ohnmacht. Welche Sprache
wirst du jetzt führen, Empfindung? Auch Koketten sinken in
Ohnmacht. Womit wirst du dich rechtfertigen, Unschuld –
Auch Metzen sinken in Ohnmacht.
Sie weiß, was sie aus mir gemacht hat. Sie hat meine ganze Seele
gesehn. Mein Herz trat beim Erröten des ersten Kusses sichtbar
in meine Augen – und sie empfand nichts? Empfand vielleicht
nur den Triumph ihrer Kunst? – Da mein glücklicher Wahnsinn den ganzen Himmel in ihr zu umspannen wähnte? Meine
wildesten Wünsche schwiegen? Vor meinem Gemüt stand kein
Gedanke als die Ewigkeit und das Mädchen – Gott! da empfand
sie nichts? Fühlte nichts, als ihren Anschlag gelungen? Nichts,
als ihre Reize geschmeichelt? Tod und Rache! Nichts, als dass
ich betrogen sei?

DRITTE SZENE

Der Hofmarschall und Ferdinand.

HOFMARSCHALL *(ins Zimmer trippelnd)*. Sie haben den
Wunsch blicken lassen, mein Bester –
FERDINAND *(vor sich hinmurmelnd)*. Einem Schurken den
Hals zu brechen. *(Laut.)* Marschall, dieser Brief muss Ihnen bei
der Parade aus der Tasche gefallen sein – und ich *(mit boshaf-
tem Lachen)* war zum Glück noch der Finder.
HOFMARSCHALL. Sie?
FERDINAND. Durch den lustigsten Zufall. Machen Sie's mit
der Allmacht aus.
HOFMARSCHALL. Sie sehen, wie ich erschrecke, Baron.
FERDINAND. Lesen Sie! Lesen Sie! *(Von ihm weggehend.)* Bin
ich auch schon zum Liebhaber zu schlecht, vielleicht lass ich

mich desto besser als Kuppler an. *(Während dass jener liest, tritt er zur Wand und nimmt zwei Pistolen herunter.)*

HOFMARSCHALL *(wirft den Brief auf den Tisch und will sich davonmachen)*. Verflucht!

FERDINAND *(führt ihn am Arm zurück)*. Geduld, lieber Marschall. Die Zeitungen dünken mich angenehm. Ich will meinen Finderlohn haben. *(Hier zeigt er ihm die Pistolen.)*

HOFMARSCHALL *(tritt bestürzt zurück)*. Sie werden vernünftig sein, Bester.

FERDINAND *(mit starker, schrecklicher Stimme)*. Mehr als zu viel, um einen Schelmen, wie du bist, in jene Welt zu schicken! *(Er dringt ihm die eine Pistole auf, zugleich zieht er sein Schnupftuch.)* Nehmen Sie! dieses Schnupftuch da fassen Sie! – Ich hab's von der Buhlerin.

HOFMARSCHALL. Über dem Schnupftuch? Rasen Sie? Wohin denken Sie?

FERDINAND. Fass dieses End an, sag ich. Sonst wirst du ja fehlschießen, Memme! – Wie sie zittert, die Memme! Du solltest Gott danken, Memme, dass du zum ersten Mal etwas in deinen Hirnkasten kriegst. *(Hofmarschall macht sich auf die Beine.)* Sachte! Dafür wird gebeten sein. *(Er überholt ihn und riegelt die Türe.)*

HOFMARSCHALL. Auf dem Zimmer, Baron?

FERDINAND. Als ob sich mit dir ein Gang vor den Wall verlohnte? – Schatz, so knallt's desto lauter, und das ist ja doch wohl das e r s t e Geräusch, das du in der Welt machst – Schlag an!

HOFMARSCHALL *(wischt sich die Stirn)*. Und Sie wollen Ihr kostbares Leben so aussetzen, junger hoffnungsvoller Mann?

FERDINAND. Schlag an, sag ich. Ich habe nichts mehr in dieser Welt zu tun.

HOFMARSCHALL. Aber i c h desto mehr, mein Allervortrefflichster.

FERDINAND. D u, Bursche? Was d u ? – Der Notnagel zu sein, wo die M e n s c h e n sich rar machen? In e i n e m Augenblick sieben Mal kurz und sieben Mal lang zu werden, wie der Schmetterling an der Nadel? Ein Register zu führen über die Stuhlgänge deines Herrn und der Mietgaul seines Witzes zu sein? Ebenso gut. Ich führe dich wie irgendein seltenes Murmeltier mit mir. Wie ein zahmer Affe sollst du zum Geheul der Verdammten tanzen, apportieren und aufwarten und mit deinen höfischen Künsten die ewige Verzweiflung belustigen.

HOFMARSCHALL. Was Sie befehlen, Herr, wie Sie belieben – Nur die Pistolen weg!

FERDINAND. Wie er dasteht, der Schmerzenssohn! – Dasteht,
dem sechsten Schöpfungstag zum Schimpfe! Als wenn ihn ein
Tübinger Buchhändler dem Allmächtigen nachgedruckt hätte!
– Schande nur, ewig Schande für die Unze Gehirn, die so
5 schlecht in diesem undankbaren Schädel wuchert. Diese einzige Unze hätte dem Pavian noch vollends zum Menschen gehol-
fen, da sie jetzt nur einen Bruch von Vernunft macht – Und mit
d i e s e m ihr Herz zu teilen? – Ungeheuer! Unverantwortlich! –
Einem Kerl, mehr gemacht, von Sünden zu entwöhnen als dazu
10 anzureizen.
HOFMARSCHALL. Oh! Gott sei ewig Dank! Er wird witzig.
FERDINAND. Ich will ihn gelten lassen. Die Toleranz, die der
Raupe schont, soll auch diesem zugute kommen. Man begegnet
ihm, zuckt etwa die Achsel, bewundert vielleicht noch die klu-
15 ge Wirtschaft des Himmels, der auch mit Trebern und Bodensatz noch Kreaturen speist; der dem Raben am Hochgericht
und einem Höfling im Schlamme der Majestäten den Tisch
deckt – Zuletzt erstaunt man noch über die große Polizei der
Vorsicht, die auch in der Geisterwelt ihre Blindschleichen und
20 Taranteln zur Ausfuhr des Gifts besoldet. – Aber *(indem seine
Wut sich erneuert)* an meine Blume soll mir das Ungeziefer
nicht kriechen, oder ich will es *(den Marschall fassend und un-
sanft herumschüttelnd)* so und so und wieder so durcheinander
quetschen.
25 HOFMARSCHALL *(für sich hinseufzend)*. O mein Gott! Wer
hier weg wäre! Hundert Meilen von hier, im Bicêtre zu Paris!
nur bei diesem nicht!
FERDINAND. Bube! Wenn sie nicht r e i n mehr ist? Bube!
Wenn du genossest, wo ich a n b e t e t e! *(Wütender)* Schwelg-
30 test, wo ich einen G o t t mich fühlte? *(Plötzlich schweigt er,
darauf fürchterlich.)* Dir wäre besser, Bube, du flöhest der Hölle zu, als dass dir mein Zorn im Himmel begegnete! – Wie weit
kamst du mit dem Mädchen? Bekenne!
HOFMARSCHALL. Lassen Sie mich los. Ich will alles verraten.
35 FERDINAND. Oh! es muss reizender sein, mit diesem Mädchen
zu b u h l e n, als mit andern noch so h i m m l i s c h zu s c h w ä r-
m e n – Wollte sie ausschweifen, wollte sie, sie könnte den
Wert der S e e l e herunterbringen und die Tugend mit der Wollust verfälschen. *(Dem Marschall die Pistole aufs Herz
40 drückend.)* Wie weit kamst du mit ihr? Ich drücke ab, oder bekenne!
HOFMARSCHALL. Es ist nichts – ist ja alles nichts. Haben Sie
nur eine Minute Geduld. Sie sind ja betrogen.

*F. nimmt 2 Pistolen von der Wand, von
halb bekannt Angst*

FERDINAND. Und daran mahnst du mich, Bösewicht? – Wie
weit kamst du mit ihr? Du bist des Todes, oder bekenne!

HOFMARSCHALL. Mon Dieu! Mein Gott! Ich spreche ja – So
hören Sie doch nur – Ihr Vater – Ihr eigener, leiblicher Vater –

FERDINAND *(grimmiger)*. Hat seine Tochter an dich verkup-   5
pelt? Und wie weit kamst du mit ihr? Ich ermorde dich, oder
bekenne!

HOFMARSCHALL. Sie rasen. Sie hören nicht. Ich sah sie nie.
Ich kenne sie nicht. Ich weiß gar nichts von ihr.

FERDINAND *(zurücktretend)*. Du sahst sie nie? Kennst sie   10
nicht? Weißt gar nichts von ihr? – Die Millerin ist verloren
um deinetwillen, du leugnest sie dreimal in einem Atem hinweg? – Fort, schlechter Kerl. *(Er gibt ihm mit der Pistole einen
Streich und stößt ihn aus dem Zimmer.)* Für deinesgleichen ist
kein Pulver erfunden!   15

VIERTE SZENE

*Ferdinand nach einem langen Stillschweigen, worin seine Züge
einen schrecklichen Gedanken entwickeln.*

FERDINAND. Verloren! Ja, Unglückselige! – Ich bin es. Du
bist es auch. Ja, bei dem großen Gott! Wenn ich verloren bin,
bist du es auch! – Richter der Welt! Fodre sie mir nicht ab. Das
Mädchen ist mein. Ich trat dir deine ganze Welt für das
Mädchen ab, habe Verzicht getan auf deine ganze herrliche   20
Schöpfung. Lass mir das Mädchen. – Richter der Welt! Dort
winseln Millionen Seelen nach dir – Dorthin kehre das Aug deines Erbarmens – Mich lass allein machen, Richter der Welt! *(Indem er schrecklich die Hände faltet.)* Sollte der reiche vermö-
gende Schöpfer mit einer Seele geizen, die noch dazu die   25
schlechteste seiner Schöpfung ist? – Das Mädchen ist mein! Ich
einst ihr Gott, jetzt ihr Teufel!

      (Die Augen grass in einen Winkel geworfen.)
Eine Ewigkeit mit ihr auf ein Rad der Verdammnis geflochten –
Augen in Augen wurzelnd – Haare zu Berge stehend gegen
Haare – Auch unser hohles Wimmern in eins geschmolzen –   30
Und jetzt zu wiederholen meine Zärtlichkeiten, und jetzt ihr
vorzusingen ihre Schwüre – Gott! Gott! – Die Vermählung ist
fürchterlich – aber ewig! *(Er will schnell hinaus. Der Präsident
tritt herein.)*

   35

F. will seinem Vater erzählen, dass L. ihn betrogen hat, dieser stellt sich so, als wenn er sich sie doch heiraten dürfte

FÜNFTE SZENE

Der Präsident und Ferdinand.

FERDINAND *(zurücktretend)*. Oh! – Mein Vater!

PRÄSIDENT. Sehr gut, dass wir uns finden, mein Sohn. Ich komme, dir etwas Angenehmes zu verkündigen und etwas, lieber Sohn, das dich ganz gewiss überraschen wird. Wollen wir
5 uns setzen?

FERDINAND *(sieht ihn lange Zeit starr an)*. Mein Vater! *(Mit stärkerer Bewegung zu ihm gehend und seine Hand fassend.)* Mein Vater! *(Seine Hand küssend, vor ihm niederfallend.)* O mein Vater!

10 PRÄSIDENT. Was ist dir, mein Sohn? Steh auf. Deine Hand brennt und zittert.

FERDINAND *(mit wilder feuriger Empfindung)*. Verzeihung für meinen Undank, mein Vater! Ich bin ein verworfener Mensch. Ich habe Ihre Güte misskannt. Sie meinten es mit mir
15 so väterlich – Oh! Sie hatten eine weissagende Seele – Jetzt ist's zu spät – Verzeihung! Verzeihung! Ihren Segen, mein Vater!

PRÄSIDENT *(heuchelt eine schuldlose Miene)*. Steh auf, mein Sohn! Besinne dich, dass du mir Rätsel sprichst.

FERDINAND. Diese Millerin, mein Vater – Oh, Sie kennen den
20 Menschen – Ihre Wut war damals so gerecht, so edel, so väterlich warm – Nur verfehlte der warme Vatereifer des Weges – Diese Millerin!

PRÄSIDENT. Martre mich nicht, mein Sohn. Ich verfluche meine Härte! Ich bin gekommen, dir abzubitten.

25 FERDINAND. Abbitten an mir? Verfluchen an mir! – Ihre Missbilligung war Weisheit. Ihre Härte war himmlisches Mitleid – – Diese Millerin, Vater –

PRÄSIDENT. Ist ein edles, ein liebes Mädchen. – Ich widerrufe meinen übereilten Verdacht. Sie hat meine Achtung erwor-
30 ben.

FERDINAND *(springt erschüttert auf)*. Was? auch Sie? – Vater! auch Sie? – Und nicht wahr, mein Vater, ein Geschöpf wie die Unschuld? – und es ist so menschlich, dieses Mädchen zu lieben?

35 PRÄSIDENT. Sage so: Es ist Verbrechen, es nicht zu lieben.

FERDINAND. Unerhört! Ungeheuer! – Und Sie schauen ja doch sonst die Herzen so durch! Sahen sie noch dazu mit Augen des Hasses! – Heuchelei ohne Beispiel – Diese Millerin, Vater –

PRÄSIDENT. Ist es wert, meine Tochter zu sein. Ich rechne ihre
    Tugend für Ahnen und ihre Schönheit für Gold. Meine Grund-
    sätze weichen deiner Liebe – Sie sei dein!
FERDINAND *(stürzt fürchterlich aus dem Zimmer)*. Das fehlte
    noch! – Leben Sie wohl, mein Vater. *(Ab.)*   5
PRÄSIDENT *(ihm nachgehend)*. Bleib! Bleib! Wohin stürmst
    du? *(Ab.)*

SECHSTE SZENE

Ein sehr prächtiger Saal bei der Lady.

Lady und Sophie treten herein.

LADY. Also sahst du sie? Wird sie kommen?
SOPHIE. Diesen Augenblick. Sie war noch im Hausgewand und
    wollte sich nur in der Geschwindigkeit umkleiden.   10
LADY. Sage mir nichts von ihr – Stille – wie eine Verbrecherin
    zittre ich, die Glückliche zu sehen, die mit meinem Herzen so
    schrecklich harmonisch fühlt – Und wie nahm sie sich bei der
    Einladung?
SOPHIE. Sie schien bestürzt, wurde nachdenkend, sah mich mit   15
    großen Augen an und schwieg. Ich hatte mich schon auf ihre
    Ausflüchte vorbereitet, als sie mit einem Blick, der mich ganz
    überraschte, zur Antwort gab: Ihre Dame befiehlt mir, was ich
    mir morgen erbitten wollte.
LADY *(sehr unruhig)*. Lass mich, Sophie. Beklage mich. Ich muss   20
    erröten, wenn sie nur das gewöhnliche Weib ist, und, wenn sie
    mehr ist, verzagen.
SOPHIE. Aber, Mylady – Das ist die Laune nicht, eine Neben-
    buhlerin zu empfangen. Erinnern Sie sich, wer Sie sind. Rufen
    Sie Ihre Geburt, Ihren Rang, Ihre Macht zu Hilfe. Ein stolzeres   25
    Herz muss die stolze Pracht Ihres Anblicks erheben.
LADY *(zerstreut)*. Was schwatzt die Närrin da?
SOPHIE *(boshaft)*. Oder es ist vielleicht Zufall, dass eben heute
    die kostbarsten Brillanten an Ihnen blitzen? Zufall, dass eben
    heute der reichste Stoff Sie bekleiden muss – dass Ihre An-   30
    tichamber von Heiducken und Pagen wimmelt und das
    Bürgermädchen im fürstlichsten Saal Ihres Palastes erwartet
    wird?
LADY *(auf und ab voll Erbitterung)*. Verwünscht! Unerträglich!
    Dass Weiber für Weiberschwächen solche Luchsaugen haben!   35

––Aber wie tief, wie tief muss ich schon gesunken sein, dass eine solche Kreatur mich ergründet!

EIN KAMMERDIENER *(tritt auf)*. Mamsell Millerin –

LADY *(zu Sophien)*. Hinweg du! Entferne dich! *(Drohend, da diese noch zaudert.)* Hinweg! Ich befehl es. *(Sophie geht ab, Lady macht einen Gang durch den Saal.)* Gut! Recht gut, dass ich in Wallung kam. Ich bin, wie ich wünschte. *(Zum Kammerdiener.)* Die Mamsell mag hereintreten. *(Kammerdiener geht. Sie wirft sich in den Sofa und nimmt eine vornehm-nachlässige Lage an.)*

SIEBENTE SZENE

Luise Millerin tritt schüchtern herein und bleibt in einer großen Entfernung von der Lady stehen; Lady hat ihr den Rücken zugewandt und betrachtet sie eine Zeit lang aufmerksam in dem gegenüberstehenden Spiegel.

(Nach einer Pause.)

LUISE. Gnädige Frau, ich erwarte Ihre Befehle.

LADY *(dreht sich nach Luisen um und nickt nur eben mit dem Kopf, fremd und zurückgezogen)*. Aha! Ist Sie hier? – Ohne Zweifel die Mamsell – eine gewisse – Wie nennt man Sie doch?

LUISE *(etwas empfindlich)*. Miller nennt sich mein Vater, und Ihro Gnaden s c h i c k t e n nach seiner Tochter.

LADY. Recht! Recht! Ich entsinne mich – die arme Geigerstochter, wovon neulich die Rede war. *(Nach einer Pause, vor sich.)* Sehr interessant, und doch keine Schönheit – *(Laut zu Luisen.)* Trete Sie näher, mein Kind. *(Wieder vor sich.)* Augen, die sich im Weinen übten – Wie lieb ich sie, diese Augen! *(Wiederum laut.)* Nur näher – Nur ganz nah – Gutes Kind, ich glaube, du f ü r c h t e s t mich?

LUISE *(groß, mit entschiednem Ton)*. Nein, Mylady. Ich verachte das Urteil der Menge.

LADY *(vor sich)*. Sieh doch! – und diesen Trotzkopf hat sie von i h m. *(Laut.)* Man hat Sie mir empfohlen, Mamsell. Sie soll was gelernt haben und sonst auch zu leben wissen – Nun ja. Ich will's glauben – auch nähm ich die ganze Welt nicht, einen so warmen Fürsprecher Lügen zu strafen.

LUISE. Doch kenn ich niemand, Mylady, der sich Mühe gäbe, mir eine Patronin zu suchen.

LADY *(geschraubt).* Mühe um die Klientin oder Patronin?

LUISE. Das ist mir zu hoch, gnädige Frau.

LADY. Mehr Schelmerei, als diese offene Bildung vermuten lässt!
Luise nennt Sie sich? Und wie jung, wenn man fragen darf?

LUISE. Sechzehn gewesen.   5

LADY *(steht rasch auf).* Nun ist's heraus! Sechzehn Jahre! Der
erste Puls dieser Leidenschaft! – Auf dem unberührten Klavier
der erste einweihende Silberton! – Nichts ist verführerischer –
Setz dich, ich bin dir gut, liebes Mädchen – Und auch er liebt
zum ersten Mal – Was Wunder, wenn sich die Strahlen eines   10
Morgenrots finden? *(Sehr freundlich und ihre Hand ergrei-*
fend.) Es bleibt dabei, ich will dein Glück machen, Liebe –
Nichts, nichts als die süße früheverfliegende Träumerei. *(Lui-*
sen auf die Wange klopfend.) Meine Sophie heiratet. Du sollst
ihre Stelle haben – Sechzehn Jahr! Es kann nicht von Dauer   15
sein.

LUISE *(küsst ihr ehrerbietig die Hand).* Ich danke für diese Gnade, Mylady, als wenn ich sie annehmen dürfte.

LADY *(in Entrüstung zurückfallend).* Man sehe die große Dame!
– Sonst wissen sich Jungfern Ihrer Herkunft noch glücklich,   20
wenn sie Herrschaften finden – wo will denn Sie hinaus, meine Kostbare? Sind diese Finger zur Arbeit zu niedlich? Ist es Ihr
bisschen Gesicht, worauf Sie so trotzig tut?

LUISE. Mein Gesicht, gnädige Frau, gehört mir so wenig als meine Herkunft.   25

LADY. Oder glaubt Sie vielleicht, das werde nimmer ein Ende
nehmen? – Armes Geschöpf, wer dir das in den Kopf setzte –
mag er sein, wer er will – er hat euch beide zum Besten gehabt.
Diese Wangen sind nicht im Feuer vergoldet. Was dir dein Spiegel für massiv und ewig verkauft, ist nur ein dünner angefloge- 30
ner Goldschaum, der deinem Anbeter über kurz oder lang in
der Hand bleiben muss – Was werden wir dann machen?

LUISE. Den Anbeter bedauern, Mylady, der einen Demant
kaufte, weil er in Gold schien gefasst zu sein.

LADY *(ohne darauf achten zu wollen).* Ein Mädchen von Ihren   35
Jahren hat immer zween Spiegel zugleich, den wahren und
ihren Bewunderer – Die gefällige Geschmeidigkeit des letztern
macht die raue Offenherzigkeit des erstern wieder gut. Der eine rügt eine hässliche Blatternarbe. Weit gefehlt, sagt der andere, es ist ein Grübchen der Grazien. Ihr guten Kinder glaubt   40
jenem nur, was euch dieser gesagt hat, hüpft von einem zum
andern, bis ihr zuletzt die Aussagen beider verwechselt – Warum begafft Sie mich so?

LUISE. Verzeihen Sie, gnädige Frau – Ich war soeben im Begriff,
diesen prächtig blitzenden Rubin zu beweinen, der es nicht wissen muss, dass seine Besitzerin so scharf wider Eitelkeit eifert.

LADY *(errötend)*. Keinen Seitensprung, Lose! – Wenn es nicht
5 die Promessen Ihrer Gestalt sind, was in der Welt könnte Sie
abhalten, einen Stand zu erwählen, der der einzige ist, wo Sie
Manieren und Welt lernen kann, der einzige ist, wo Sie sich Ihrer bürgerlichen Vorurteile entledigen kann?

LUISE. Auch meiner bürgerlichen Unschuld, Mylady?

10 LADY. Läppischer Einwurf! Der ausgelassenste Bube ist zu ver-
zagt, uns etwas Beschimpfendes zuzumuten, wenn wir ihm
nicht selbst ermunternd entgegengehn. Zeige Sie, wer Sie ist.
Gebe Sie sich Ehre und Würde, und ich sage Ihrer Jugend für alle Versuchung gut.

15 LUISE. Erlauben Sie, gnädige Frau, dass ich mich unterstehe,
daran zu zweifeln. Die Paläste gewisser Damen sind oft die
Freistätten der frechsten Ergötzlichkeit. Wer sollte der Tochter
des armen Geigers den Heldenmut zutrauen, den Heldenmut,
mitten in die Pest sich zu werfen und doch dabei vor der Ver-
20 giftung zu schaudern? Wer sollte sich träumen lassen, dass Lady Milford ihrem Gewissen einen ewigen Skorpion halte, dass
sie Geldsummen aufwende, um den Vorteil zu haben, jeden
Augenblick schamrot zu werden? – Ich bin offenherzig, gnädige Frau – Würde Sie mein Anblick ergötzen, wenn Sie einem
25 Vergnügen entgegengingen? Würden Sie ihn ertragen, wenn Sie
zurückkämen? – – O besser! besser! Sie lassen Himmelsstriche
uns trennen – Sie lassen Meere zwischen uns fließen! – Sehen Sie
sich wohl für, Mylady – Stunden der Nüchternheit, Augen-
blicke der Erschöpfung könnten sich melden – Schlangen
30 der Reue könnten Ihren Busen anfallen, und nun – welche Folter für Sie, im Gesicht Ihres Dienstmädchens die heitre Ruhe
zu lesen, womit die Unschuld ein reines Herz zu belohnen
pflegt. *(Sie tritt einen Schritt zurück.)* Noch einmal, gnädige
Frau. Ich bitte sehr um Vergebung.

35 LADY *(in großer innrer Bewegung herumgehend)*. Unerträglich,
dass sie mir das sagt! Unerträglicher, dass sie Recht hat! *(Zu
Luisen tretend und ihr starr in die Augen sehend.)* Mädchen, du
wirst mich nicht überlisten. So warm sprechen Meinungen
nicht. Hinter diesen Maximen lauert ein feurigeres Interesse,
40 das dir meine Dienste besonders abscheulich malt – das dein
Gespräch so erhitzte – das ich *(drohend)* entdecken muss.

LUISE *(gelassen und edel)*. Und wenn Sie es nun entdeckten?
und wenn Ihr verächtlicher Fersenstoß den beleidigten Wurm

aufweckte, dem sein Schöpfer gegen Misshandlung noch einen
Stachel gab? – Ich fürchte Ihre Rache nicht, Lady – Die arme
Sünderin auf dem berüchtigten Henkerstuhl lacht zu Weltun-
tergang. – Mein Elend ist so hoch gestiegen, dass selbst Auf-
richtigkeit es nicht mehr vergrößern kann. *(Nach einer Pause,*   5
sehr ernsthaft.) Sie wollen mich aus dem Staub meiner Herkunft
reißen. Ich will sie nicht zergliedern, diese verdächtige Gnade.
Ich will nur fragen, was Mylady bewegen konnte, mich für die
Törin zu halten, die über ihre Herkunft errötet? Was sie be-
rechtigen konnte, sich zur Schöpferin meines Glücks aufzu-   10
werfen, ehe sie noch wusste, ob ich mein Glück auch von i h r e n
Händen empfangen wolle? – Ich hatte meinen ewigen Anspruch auf die Freuden der Welt zerrissen. Ich hatte dem Glück
seine Übereilung vergeben – Warum mahnen Sie mich aufs Neu
an dieselbe? – Wenn selbst die Gottheit dem Blick der Erschaf-   15
fenen ihre Strahlen verbirgt, dass nicht ihr oberster Seraph vor
seiner Verfinsterung zurückschaure – warum wollen Menschen
so grausam-barmherzig sein? – Wie kommt es, Mylady, dass
Ihr gepriesenes Glück das E l e n d so gern um Neid und Bewunderung anbettelt? – Hat Ihre Wonne die Verzweiflung so   20
nötig zur Folie? – O lieber! so gönnen Sie mir doch eine Blind-
heit, die mich allein noch mit meinem barbarischen Los ver-
söhnt – Fühlt sich doch das Insekt in einem Tropfen Wassers so
selig, als wär es ein Himmelreich, so froh und so selig, bis man
ihm von einem Weltmeer erzählt, worin Flotten und Walfische   25
spielen! – – Aber g l ü c k l i c h wollen Sie mich ja wissen? *(Nach*
einer Pause plötzlich zur Lady hintretend und mit Überra-
schung sie fragend.) Sind S i e glücklich, Mylady? *(Diese ver-*
lässt sie schnell und betroffen, Luise folgt ihr und hält ihr die
Hand vor den Busen.) Hat dieses Herz auch die lachende Ge-   30
stalt Ihres Standes? Und wenn wir jetzt Brust gegen Brust und
Schicksal gegen Schicksal auswechseln sollten – und wenn ich
in kindlicher Unschuld – und wenn ich auf Ihr Gewissen – und
wenn ich als meine Mutter Sie fragte – würden Sie mir wohl zu
dem Tausche raten?   35

LADY *(heftig bewegt in den Sofa sich werfend).* Unerhört! Unbe-
greiflich! Nein, Mädchen! Nein! Diese Größe hast du nicht auf
die Welt gebracht, und für einen V a t e r ist sie zu jugendlich.
Lüge mir nicht. Ich höre einen a n d e r n Lehrer –

LUISE *(fein und scharf ihr in die Augen sehend).* Es sollte mich   40
doch wundern, Mylady, wenn Sie j e t z t erst auf diesen Lehrer
fielen und doch v o r h i n schon eine Kondition für mich
wussten.

LADY *(springt auf)*. Es ist nicht auszuhalten! – Ja denn! weil ich
dir doch nicht entwischen kann. Ich kenn ihn – weiß alles – weiß
mehr, als ich wissen mag. *(Plötzlich hält sie inne, darauf mit einer Heftigkeit, die nach und nach bis beinahe zum Toben*
5 *steigt.)* Aber wag es, Unglückliche – wag es, ihn jetzt noch zu
lieben oder von ihm geliebt zu werden – Was sage ich? – Wag es,
an ihn zu denken oder einer von s e i n e n Gedanken zu sein –
Ich bin m ä c h t i g, Unglückliche – f ü r c h t e r l i c h – So wahr
Gott lebt! du bist verloren!
10 LUISE *(standhaft)*. Ohne Rettung, Mylady, sobald Sie ihn zwingen, dass er Sie l i e b e n muss.
LADY. Ich verstehe dich – aber er s o l l mich nicht lieben. Ich will
über diese schimpfliche Leidenschaft siegen, mein Herz unterdrücken und das deinige zermalmen – Felsen und Abgründe
15 will ich zwischen euch werfen; eine Furie will ich mitten durch
euren Himmel gehn; mein Name soll eure Küsse wie ein Gespenst Verbrecher auseinander scheuchen; deine junge blühen-
de Gestalt unter seiner Umarmung welk wie eine Mumie zusammenfallen – Ich kann nicht mit ihm glücklich werden – aber
20 d u sollst es auch nicht werden – Wisse das, Elende! Seligkeit
zerstören ist auch Seligkeit.
LUISE. Eine Seligkeit, um die man Sie schon gebracht hat, Mylady. Lästern Sie Ihr eigenes Herz nicht. Sie sind nicht fähig, das
auszuüben, was Sie so drohend auf mich herabschwören. Sie
25 sind nicht fähig, ein Geschöpf zu quälen, das Ihnen nichts zu-
leide getan, als dass es empfunden hat wie Sie – Aber ich liebe Sie
um dieser Wallung willen, Mylady.
LADY *(die sich jetzt gefasst hat)*. Wo bin ich? Wo war ich? Was
hab ich merken lassen? W e n – hab ich's merken lassen? – O
30 Luise, edle, große, göttliche Seele! Vergib's einer Rasenden –
Ich will dir kein Haar kränken, mein Kind. Wünsche! Fodre!
Ich will dich auf den Händen tragen, deine Freundin, deine
Schwester will ich sein – Du bist arm – Sieh! *(Einige Brillanten
herunternehmend.)* Ich will diesen Schmuck verkaufen – meine
35 Garderobe, Pferd und Wagen verkaufen – D e i n sei alles, aber
entsag ihm!
LUISE *(tritt zurück voll Befremdung)*. Spottet sie einer Verzwei-
felnden, oder sollte sie an der barbarischen Tat im Ernst keinen
Anteil gehabt haben? – Ha! So könnt ich mir ja noch den Schein
40 einer Heldin geben und meine Ohnmacht zu einem Verdienst
aufputzen. *(Sie steht eine Weile gedankenvoll, dann tritt sie
näher zur Lady, fasst ihre Hand und sieht sie starr und bedeutend an.)* Nehmen Sie ihn denn hin, Mylady! – F r e i w i l l i g tret

ich Ihnen ab den Mann, den man mit Haken der Hölle von meinem
blutenden Herzen riss. – – Vielleicht wissen Sie es selbst
nicht, Mylady, aber Sie haben den Himmel zweier Liebenden
geschleift, voneinander gezerrt zwei Herzen, die Gott aneinander
band; zerschmettert ein Geschöpf, das ihm nahe ging   5
wie Sie, das er zur Freude schuf wie Sie, das ihn gepriesen hat
wie Sie, und ihn nun nimmermehr preisen wird – Lady! Ins Ohr
des Allwissenden schreit auch der letzte Krampf des zertretenen
Wurms – es wird ihm nicht gleichgültig sein, wenn man
Seelen in seinen Händen mordet! Jetzt ist er Ihnen! Jetzt, Mylady,   10
nehmen Sie ihn hin! Rennen Sie in seine Arme! Reißen Sie
ihn zum Altar – Nur vergessen Sie nicht, dass zwischen Ihren
Brautkuss das Gespenst einer Selbstmörderin stürzen wird –
Gott wird barmherzig sein – Ich kann mir nicht anders helfen!
(Sie stürzt hinaus.)   15

ACHTE SZENE

*Lady allein, steht erschüttert und außer sich, den starren
Blick nach der Türe gerichtet, durch welche die Millerin
weggeeilt; endlich erwacht sie aus ihrer Betäubung.*

LADY. Wie war das? Wie geschah mir? Was sprach die Unglückliche?
– Noch, o Himmel! noch zerreißen sie mein Ohr,
die fürchterlichen, mich verdammenden Worte: Nehmen
Sie ihn hin! – Wen, Unglückselige? Das Geschenk deines
Sterberöchelns – das schauervolle Vermächtnis deiner Verzweiflung!   20
Gott! Gott! Bin ich so tief gesunken – so plötzlich
von allen Thronen meines Stolzes herabgestürzt, dass ich
heißhungrig erwarte, was einer Bettlerin Großmut aus ihrem
letzten Todeskampfe mir zuwerfen wird? – Nehmen Sie
ihn hin, und das spricht sie mit einem Tone, begleitet sie mit   25
einem Blicke – – Ha! Emilie! bist du darum über die Grenzen
deines Geschlechts weggeschritten? Musstest du darum um
den prächtigen Namen des großen britischen Weibes buhlen,
dass das prahlende Gebäude deiner Ehre neben der
höheren Tugend einer verwahrlosten Bürgerdirne versinken   30
soll? – Nein, stolze Unglückliche! Nein! – Beschämen lässt
sich Emilie Milford – doch beschimpfen nie! Auch ich habe
Kraft, zu entsagen. (Mit majestätischen Schritten auf und nieder.)
Verkrieche dich jetzt, weiches leidendes Weib – Fahret hin,   35

süße goldene Bilder der Liebe – Großmut allein sei jetzt meine
Führerin! – – Dieses liebende Paar ist verloren, oder Milford
muss ihren Anspruch vertilgen und im Herzen des Fürsten er-
löschen! *(Nach einer Pause, lebhaft.)* Es ist geschehen! – Geho-
5 ben das furchtbare Hindernis – Zerbrochen alle Bande zwischen mir und dem Herzog, gerissen aus meinem Busen diese
wütende Liebe! – – In deine Arme werf ich mich, Tugend! –
Nimm sie auf, deine reuige Tochter Emilie! – Ha! wie mir so
wohl ist! Wie ich auf einmal so leicht! so gehoben mich fühle! –
10 Groß, wie eine fallende Sonne, will ich heut vom Gipfel meiner
Hoheit heruntersinken, meine Herrlichkeit sterbe mit meiner
Liebe, und nichts als mein H e r z begleite mich in diese stolze
Verweisung. *(Entschlossen zum Schreibpult gehend.)* Jetzt
gleich muss es geschehen – jetzt auf der Stelle, ehe die Reize des
15 lieben Jünglings den blutigen Kampf meines Herzens erneuren.
(Sie setzt sich nieder und fängt an zu schreiben.)

NEUNTE SZENE

Lady. Ein Kammerdiener. Sophie, hernach der
Hofmarschall, zuletzt Bediente.

KAMMERDIENER. Hofmarschall von Kalb stehen im Vorzimmer mit einem Auftrag vom Herzog.
LADY *(in der Hitze des Schreibens)*. Auftaumeln wird sie, die
20 fürstliche Drahtpuppe! Freilich! der Einfall ist auch drollig genug, so eine durchlauchtige Hirnschale auseinander zu treiben!
– Seine Hofschranzen werden wirbeln – Das ganze Land wird
in Gärung kommen.
KAMMERDIENER und SOPHIE. Der Hofmarschall, Mylady –
25 LADY *(dreht sich um)*. Wer? Was? – Desto besser! Diese Sorte
von Geschöpfen ist zum Sacktragen auf der Welt. Er soll mir
willkommen sein.
KAMMERDIENER *(geht ab)*.
SOPHIE *(ängstlich näher kommend)*. Wenn ich nicht fürchten
30 müsste, Mylady, es wäre Vermessenheit – *(Lady schreibt hitzig*
fort.) Die Millerin stürzte außer sich durch den Vorsaal – Sie
glühen – Sie sprechen mit sich selbst – *(Lady schreibt immer*
fort.) Ich erschrecke – Was muss geschehen sein?
HOFMARSCHALL *(tritt herein, macht dem Rücken der Lady*
35 *tausend Verbeugungen; da sie ihn nicht gleich bemerkt, kommt*
er näher, stellt sich hinter ihren Sessel, sucht den Zipfel ihres

*Kleids wegzukriegen und drückt einen Kuss darauf, mit furcht-
samem Lispeln).* Serenissimus –
LADY *(indem sie Sand streut und das Geschriebene durchfliegt).*
Er wird mir schwarzen Undank zur Last legen – Ich war eine
Verlassene. Er hat mich aus dem Elend gezogen – Aus dem 5
Elend? – Abscheulicher Tausch! – Zerreiße deine Rechnung,
Verführer! – Meine ewige Schamröte bezahlt sie mit Wu-
cher.
HOFMARSCHALL *(nachdem er die Lady vergeblich von allen
Seiten umgangen hat).* Mylady scheinen etwas distrait zu sein – 10
Ich werde mir wohl selbst die Kühnheit erlauben müssen. *(Sehr
laut.)* Serenissimus schicken mich, Mylady zu fragen, ob diesen
Abend Vauxhall sein werde oder teutsche Komödie?
LADY *(lachend aufstehend).* Eins von beiden, mein Engel – Un-
terdessen bringen Sie Ihrem Herzog diese Karte zum Dessert! 15
(Gegen Sophien.) Du, Sophie, befiehlst, dass man anspannen
soll, und rufst meine ganze Garderobe in diesen Saal zusam-
men. –
SOPHIE *(geht ab voll Bestürzung).* O Himmel! Was ahndet mir?
Was wird das noch werden? 20
HOFMARSCHALL. Sie sind echauffiert, meine Gnädige?
LADY. Umso weniger wird hier gelogen sein – Hurra, Herr Hofmarschall! Es wird eine Stelle vakant. Gut Wetter für Kuppler.
*(Da der Marschall einen zweifelhaften Blick auf den Zettel
wirft.)* Lesen Sie, lesen Sie! – Es ist mein Wille, dass der Inhalt 25
nicht unter vier Augen bleibe.
HOFMARSCHALL *(liest, unterdessen sammeln sich die Bedienten der Lady im Hintergrund).*
          „Gnädigster Herr,
Ein Vertrag, den Sie so leichtsinnig brachen, kann mich nicht 30
mehr binden. Die Glückseligkeit Ihres Landes war die Bedin-
gung meiner Liebe. Drei Jahre währte der Betrug. Die Binde
fällt mir von den Augen; ich verabscheue Gunstbezeugungen,
die von den Tränen der Untertanen triefen. – Schenken Sie die
Liebe, die ich Ihnen nicht mehr erwidern kann, Ihrem weinen- 35
den Lande und lernen von einer britischen Fürstin Erbarmen gegen Ihr teutsches Volk. In einer Stunde bin ich über
der Grenze.   Johanna Norfolk.“
ALLE BEDIENTE *(murmeln bestürzt durcheinander).* Über der
Grenze? 40
HOFMARSCHALL *(legt die Karte erschrocken auf den Tisch).*
Behüte der Himmel, meine Beste und Gnädige! Dem Über-
bringer müsste der Hals ebenso jücken als der Schreiberin.

LADY. Das ist deine Sorge, du Goldmann – Leider weiß ich es, dass du und deinesgleichen am Nachbeten dessen, was andre getan haben, erwürgen! – M e i n Rat wäre, man backte den Zettel in eine Wildbretpastete, so fänden ihn Serenissimus auf dem Teller –

HOFMARSCHALL. Ciel! Diese Vermessenheit! – So erwägen Sie doch, so bedenken Sie doch, wie sehr Sie sich in Disgrace setzen, Lady!

LADY (*wendet sich zu der versammelten Dienerschaft und spricht das Folgende mit der innigsten Rührung*). Ihr steht bestürzt, guten Leute, erwartet angstvoll, wie sich das Rätsel entwickeln wird? – Kommt näher, meine Lieben – Ihr dientet mir redlich und warm, sahet mir öfter in die Augen als in die Börse, euer Gehorsam war eure Leidenschaft, euer Stolz – meine Gnade! – – Dass das Andenken eurer Treue zugleich das Gedächtnis meiner Erniedrigung sein muss! Trauriges Schicksal, dass meine schwärzesten Tage eure glücklichen waren! (*Mit Tränen in den Augen.*) Ich entlasse euch, meine Kinder – – Lady Milford ist nicht mehr, und Johanna von Norfolk zu arm, ihre Schuld abzutragen – Mein Schatzmeister stürze meine Schatulle unter euch – Dieser Palast bleibt dem Herzog – Der Ärmste von euch wird reicher von hinnen gehen als seine Gebieterin. (*Sie reicht ihre Hände hin, die alle nacheinander mit Leidenschaft küssen.*) Ich verstehe euch, meine Guten – Lebt wohl! Lebt ewig wohl! (*Fasst sich aus ihrer Beklemmung.*) Ich höre den Wagen vorfahren. (*Sie reißt sich los, will hinaus, der Hofmarschall verrennt ihr den Weg.*) Mann des Erbarmens, stehst du noch immer da?

HOFMARSCHALL (*der diese ganze Zeit über mit einem Geistesbankerott auf den Zettel sah*). Und dieses Billett soll ich Seiner Hochfürstlichen Durchlaucht zu höchsteigenen Händen geben?

LADY. Mann des Erbarmens! zu höchsteigenen Händen, und sollst melden zu höchsteigenen Ohren, weil ich nicht barfuß nach Loretto könne, so werde ich um den Taglohn arbeiten, mich zu reinigen von dem Schimpf, ihn beherrscht zu haben. (*Sie eilt ab. Alle übrigen gehen sehr bewegt auseinander.*)

FÜNFTER AKT

*Abends zwischen Licht, in einem Zimmer
beim Musikanten.*

ERSTE SZENE

*Luise sitzt stumm und ohne sich zu rühren in dem finstersten
Winkel des Zimmers, den Kopf auf den Arm gesunken. Nach einer
großen und tiefen Pause kommt Miller mit einer Handlaterne,
leuchtet ängstlich im Zimmer herum, ohne Luisen zu bemerken,
dann legt er den Hut auf den Tisch und setzt die Laterne nieder.*

MILLER. Hier ist sie auch nicht. Hier wieder nicht – Durch alle
Gassen bin ich gezogen, bei allen Bekannten bin ich gewesen,
auf allen Toren hab ich gefragt – Mein Kind hat man nirgends
gesehen. *(Nach einigem Stillschweigen.)* Geduld, armer unglücklicher Vater. Warte ab, bis es Morgen wird. Vielleicht   5
kommt deine Einzige dann ans Ufer geschwommen – – Gott!
Gott! Wenn ich mein Herz zu abgöttisch an diese Tochter
hing? – Die Strafe ist hart. Himmlischer Vater, hart! Ich will
nicht murren, himmlischer Vater, aber die Strafe ist hart. *(Er
wirft sich gramvoll in einen Stuhl.)*   10
LUISE *(spricht aus dem Winkel).* Du tust recht, armer alter Mann!
Lerne beizeit noch verlieren.
MILLER *(springt auf).* Bist du da, mein Kind? Bist du? – Aber
warum denn so einsam und ohne Licht?
LUISE. Ich bin darum doch nicht einsam. Wenn's so recht   15
schwarz wird um mich herum, hab ich meine besten Besuche.
MILLER. Gott bewahre dich! Nur der Gewissenswurm schwärmt
mit der Eule. Sünden und böse Geister scheuen das Licht.
LUISE. Auch die Ewigkeit, Vater, die mit der Seele ohne Ge-
hilfen redet.   20
MILLER. Kind! Kind! Was für Reden sind das?
LUISE *(steht auf und kommt vorwärts).* Ich hab einen harten
Kampf gekämpft. Er weiß es, Vater. Gott gab mir Kraft. Der
Kampf ist entschieden. Vater! man pflegt unser Geschlecht zart
und zerbrechlich zu nennen. Glaub Er das nicht mehr. Vor ei- 25
ner Spinne schütteln wir uns, aber das schwarze Ungeheuer
Verwesung drücken wir im Spaß in die Arme. Dieses zur
Nachricht, Vater. Seine Luise ist lustig.
MILLER. Höre, Tochter! Ich wollte, du heultest. Du gefielst mir
so besser.   30

LUISE. Wie ich ihn überlisten will, Vater! Wie ich den Tyrannen betrügen will! – Die Liebe ist schlauer als die Bosheit und kühner – das hat er nicht gewusst, der Mann mit dem traurigen Stern – Oh! sie sind pfiffig, solang sie es nur mit dem Kopf zu tun haben, aber sobald sie sich mit dem Herzen anbinden, werden die Böswichter dumm – – Mit einem Eid gedachte er seinen Betrug zu versiegeln? Eide, Vater, binden wohl die Lebendigen, im Tode schmilzt auch der Sakramente eisernes Band. Ferdinand wird seine Luise kennen – Will Er mir dies Billett besorgen, Vater? Will Er so gut sein?

MILLER. An wen, meine Tochter?

LUISE. Seltsame Frage! Die Unendlichkeit und mein Herz haben miteinander nicht Raum genug für einen einzigen Gedanken an ihn – Wenn hätt ich denn wohl an sonst jemand schreiben sollen?

MILLER *(unruhig)*. Höre, Luise! Ich erbreche den Brief.

LUISE. Wie Er will, Vater – aber Er wird nicht klug daraus werden. Die Buchstaben liegen wie kalte Leichname da und leben nur Augen der Liebe.

MILLER *(liest)*. „Du bist verraten, Ferdinand – ein Bubenstück ohne Beispiel zerriss den Bund unsrer Herzen, aber ein schröcklicher Schwur hat meine Zunge gebunden, und dein Vater hat überall seine Horcher gestellt. Doch wenn du Mut hast, Geliebter – ich weiß einen dritten Ort, wo kein Eidschwur mehr bindet und wohin ihm kein Horcher geht." *(Miller hält inne und sieht ihr ernsthaft ins Gesicht.)*

LUISE. Warum sieht Er mich so an? Les Er doch ganz aus, Vater.

MILLER. „Aber Mut genug musst du haben, eine finstre Straße zu wandeln, wo dir nichts leuchtet als deine Luise und Gott – Ganz nur Liebe musst du kommen, daheim lassen all deine Hoffnungen und alle deine brausenden Wünsche; nichts kannst du brauchen als dein Herz. Willst du – so brich auf, wenn die Glocke den zwölften Streich tut auf dem Karmeliterturm. Bangt dir – so durchstreiche das Wort stark vor deinem Geschlechte, denn ein Mädchen hat dich zuschanden gemacht." *(Miller legt das Billett nieder, schaut lange mit einem schmerzlichen starren Blick vor sich hinaus, endlich kehrt er sich gegen sie und sagt mit leiser, gebrochener Stimme.)* Und dieser dritte Ort, meine Tochter?

LUISE. Er kennt ihn nicht, Er kennt ihn wirklich nicht, Vater? – Sonderbar! Der Ort ist zum Finden gemalt. Ferdinand wird ihn finden.

MILLER. Hum! Rede deutlicher.

LUISE. Ich weiß soeben kein liebliches Wort dafür – Er muss
nicht erschrecken, Vater, wenn ich Ihm ein hässliches nenne.
Dieser Ort – O warum hat die Liebe nicht Namen erfunden!
Den schönsten hätte sie diesem gegeben. Der dritte Ort, guter
Vater – aber Er muss mich ausreden lassen – der dritte Ort ist   5
das Grab.
MILLER *(zu einem Sessel hinwankend)*. O mein Gott!
LUISE *(geht auf ihn zu und hält ihn)*. Nicht doch, mein Vater!
Das sind nur Schauer, die sich um das Wort herumlagern – Weg
mit diesem, und es liegt ein Brautbette da, worüber der Morgen   10
seinen goldenen Teppich breitet und die Frühlinge ihre bunte
Girlanden streun. Nur ein heulender Sünder konnte den Tod
ein Gerippe schelten; es ist ein holder niedlicher Knabe,
blühend, wie sie den Liebesgott malen, aber so tückisch nicht –
ein stiller dienstbarer Genius, der der erschöpften Pilgerin See-   15
le den Arm bietet über den Graben der Zeit, das Feenschloss der
ewigen Herrlichkeit aufschließt, freundlich nickt und ver-
schwindet.
MILLER. Was hast du vor, meine Tochter? – Du willst eigen-
mächtig Hand an dich legen.   20
LUISE. Nenn Er es nicht so, mein Vater. Eine Gesellschaft räu-
men, wo ich nicht wohlgelitten bin – An einen Ort vorausprin-
gen, den ich nicht länger missen kann – Ist denn das Sünde?
MILLER. Selbstmord ist die abscheulichste, mein Kind – die einzige, die man nicht mehr bereuen kann, weil Tod und Missetat   25
zusammenfallen.
LUISE *(bleibt erstarrt stehn)*. Entsetzlich! – Aber so rasch wird es
doch nicht gehn. Ich will in den Fluss springen, Vater, und im
Hinuntersinken Gott den Allmächtigen um Erbarmen bit-
ten.   30
MILLER. Das heißt, du willst den Diebstahl bereuen, sobald du
das Gestohlene in Sicherheit weißt – Tochter! Tochter! gib Acht,
dass du Gottes nicht spottest, wenn du seiner am meisten
vonnöten hast. Oh! es ist weit! weit mit dir gekommen! – Du
hast dein Gebet aufgegeben, und der Barmherzige zog seine   35
Hand von dir.
LUISE. Ist lieben denn Frevel, mein Vater?
MILLER. Wenn du Gott liebst, wirst du nie bis zum Frevel lieben
– – Du hast mich tief gebeugt, meine Einzige! tief, tief, vielleicht
zur Grube gebeugt. – Doch! ich will dir dein Herz nicht noch   40
schwerer machen – Tochter! ich sprach vorhin etwas. Ich
glaubte allein zu sein. Du hast mich behorcht, und warum sollt
ich's noch länger geheim halten? Du warst mein Abgott. Höre,

Luise, wenn du noch Platz für das Gefühl eines Vaters hast – Du warst mein Alles. Jetzt vertust du nicht mehr von deinem Eigentum. Auch i c h hab alles zu verlieren. Du siehst, mein Haar fängt an grau zu werden. Die Zeit meldet sich allgemach bei mir, wo uns Vätern die Kapitale zustatten kommen, die wir im Herzen unsrer Kinder anlegten – Wirst du mich darum betrügen, Luise? Wirst du dich mit dem Hab und Gut deines Vaters auf und davon machen?

LUISE *(küsst seine Hand mit der heftigsten Rührung)*. Nein, mein Vater. Ich gehe als Seine große Schuldnerin aus der Welt und werde in der Ewigkeit mit Wucher bezahlen.

MILLER. Gib Acht, ob du dich da nicht verrechnest, mein Kind? *(Sehr ernst und feierlich.)* Werden wir uns dort wohl noch finden? – – Sieh! Wie du blass wirst! – Meine Luise begreift es von selbst, dass ich sie in jener Welt nicht mehr wohl einholen kann, weil ich nicht so f r ü h dahineile wie sie – *(Luise stürzt ihm in den Arm, von Schauern ergriffen. – Er drückt sie mit Feuer an seine Brust und fährt fort mit beschwörender Stimme)* O Tochter! Tochter! Gefallene, vielleicht schon verlorene Tochter! Beherzige das ernsthafte Vaterwort! Ich kann nicht über dich wachen. Ich kann dir die Messer nehmen, du kannst dich mit einer Stricknadel töten. Für Gift kann ich dich bewahren, du kannst dich mit einer Schnur Perlen erwürgen. – Luise – Luise – nur w a r n e n kann ich dich noch – Willst du es darauf ankommen lassen, dass dein treuloses Gaukelbild auf der schröcklichen Brücke zwischen Zeit und Ewigkeit von dir weiche? Willst du dich vor des Allwissenden Thron mit der Lüge wagen: D e i - n e t w e g e n, Schöpfer, bin ich da! – wenn deine strafbare Augen ihre sterbliche Puppe suchen? – Und wenn dieser zerbrechliche Gott deines Gehirns, jetzt Wurm wie du, zu den Füßen deines Richters sich windet, deine gottlose Zuversicht in diesem schwankenden Augenblick Lügen straft und deine betrogene Hoffnungen an die ewige Erbarmung verweist, die der Elende für sich selbst kaum erflehen kann – Wie dann? *(Nachdrücklicher, lauter.)* Wie dann, Unglückselige? *(Er hält sie fester, blickt sie eine Weile starr und durchdringend an, dann verlässt er sie schnell.)* Jetzt weiß ich nichts mehr – *(mit aufgehobener Rechte)* stehe dir, Gott Richter! für diese Seele nicht mehr. Tu, was du willst. Bring deinem schlanken Jüngling ein Opfer, dass deine Teufel jauchzen und deine guten Engel zurücktreten – Zieh hin! Lade alle deine Sünden auf, lade auch diese, die letzte, die entsetzlichste auf, und wenn die Last noch zu leicht ist, so mache mein Fluch das Gewicht vollkommen – Hier ist ein Mes-

ser – durchstich dein Herz, und *(indem er laut weinend fort-
stürzen will)* das Vaterherz!

LUISE *(springt auf und eilt ihm nach)*. Halt! Halt! O mein Vater!
– Dass die Zärtlichkeit noch barbarischer zwingt als Tyrannen-
wut! – Was soll ich? Ich kann nicht! Was muss ich tun?   5

MILLER. Wenn die Küsse deines Majors heißer brennen als die
Tränen deines Vaters – stirb!

LUISE *(nach einem qualvollen Kampf mit einiger Festigkeit)*. Vater! Hier ist meine Hand! Ich will – Gott! Gott! was tu ich? was
will ich? Vater, ich schwöre – Wehe mir, wehe! Verbrecherin,   10
wohin ich mich neige! – Vater, es sei! – Ferdinand – Gott sieht
herab! – So zernicht ich sein letztes Gedächtnis. *(Sie zerreißt
den Brief.)*

MILLER *(stürzt ihr freudetrunken an den Hals)*. Das ist meine
Tochter! – Blick auf! Um einen Liebhaber bist du leichter, dafür   15
hast du einen glücklichen Vater gemacht. *(Unter Lachen und
Weinen sie umarmend.)* Kind! Kind, das ich den Tag meines Lebens nicht wert war! Gott weiß, wie ich schlechter Mann zu
diesem Engel gekommen bin! – Meine Luise, mein Himmelreich! – O Gott! ich verstehe ja wenig vom Lieben, aber dass es   20
eine Qual sein muss, aufzuhören – so was begreif ich noch.

LUISE. Doch hinweg aus dieser Gegend, mein Vater – Weg von
der Stadt, wo meine Gespielinnen meiner spotten und mein
guter Name dahin ist auf immerdar – Weg, weg, weit weg von
dem Ort, wo mich so viele Spuren der verlorenen Seligkeit an-   25
reden – Weg, wenn es möglich ist –

MILLER. Wohin du nur willst, meine Tochter. Das Brot unsers
Herrgotts wächst überall, und Ohren wird er auch meiner Geige bescheren. Ja! Lass auch alles dahingehn – Ich setze die Geschichte deines Grams auf die Laute, singe dann ein Lied von   30
der Tochter, die, ihren Vater zu ehren, ihr Herz zerriss – wir
betteln mit der Ballade von Türe zu Türe, und das Almosen
wird köstlich schmecken von den Händen der Weinenden –

ZWEITE SZENE

Ferdinand zu den Vorigen.

LUISE *(wird ihn zuerst gewahr und wirft sich Millern laut schreiend um den Hals)*. Gott! Da ist er! Ich bin verloren.   35

MILLER. Wo? Wer?

LUISE *(zeigt mit abgewandtem Gesicht auf den Major und*

drückt sich fester an ihren Vater). Er! Er selbst – Seh Er nur um sich, Vater – Mich zu ermorden ist er da!

MILLER *(erblickt ihn, fährt zurück).* Was? Sie hier, Baron?

FERDINAND *(kommt langsam näher, bleibt Luisen gegenüber stehn und lässt den starren, forschenden Blick auf ihr ruhen, nach einer Pause).* Überraschtes Gewissen, habe Dank! Dein Bekenntnis ist schrecklich, aber schnell und gewiss, und erspart mir die Folterung. – Guten Abend, Miller.

MILLER. Aber um Gottes willen! Was wollen Sie, Baron? Was führt Sie her? Was soll dieser Überfall?

FERDINAND. Ich weiß eine Zeit, wo man den Tag in seine Sekunden zerstückte, wo Sehnsucht nach mir sich an die Gewichte der zögernden Wanduhr hing und auf den Aderschlag lauerte, unter dem ich erscheinen sollte – Wie kommt's, dass ich jetzt überrasche?

MILLER. Gehen Sie, gehen Sie, Baron – Wenn noch ein Funke von Menschlichkeit in Ihrem Herzen zurückblieb – Wenn Sie die nicht erwürgen wollen, die Sie zu lieben vorgeben, fliehen Sie, bleiben Sie keinen Augenblick länger. Der Segen war fort aus meiner Hütte, sobald Sie einen Fuß darein setzten – Sie haben das Elend unter mein Dach gerufen, wo sonst nur die Freude zu Hause war. Sind Sie noch nicht zufrieden? Wollen Sie auch in der Wunde noch wühlen, die Ihre unglückliche Bekanntschaft meinem einzigen Kinde schlug?

FERDINAND. Wunderlicher Vater, jetzt komm ich ja, deiner Tochter etwas Erfreuliches zu sagen.

MILLER. Neue Hoffnungen etwa zu einer neuen Verzweiflung? – Geh, Unglücksbote! Dein Gesicht schimpft deine Ware.

FERDINAND. Endlich ist es erschienen, das Ziel meiner Hoffnungen! Lady Milford, das furchtbarste Hindernis unsrer Liebe, floh diesen Augenblick aus dem Lande. Mein Vater billigt meine Wahl. Das Schicksal lässt nach, uns zu verfolgen. Unsre glücklichen Sterne gehen auf – Ich bin jetzt da, mein gegebenes Wort einzulösen und meine Braut zum Altar abzuholen.

MILLER. Hörst du ihn, meine Tochter? Hörst du ihn sein Gespötte mit deinen getäuschten Hoffnungen treiben? O wahrlich, Baron! Es steht dem Verführer so schön, an seinem Verbrechen seinen Witz noch zu kützeln.

FERDINAND. Du glaubst, ich scherze. Bei meiner Ehre nicht! Meine Aussage ist wahr, wie die Liebe meiner Luise, und heilig will ich sie halten, wie sie ihre Eide – Ich kenne nichts Heiligers – Noch zweifelst du? Noch kein freudiges Erröten auf den Wangen meiner schönen Gemahlin? Sonderbar! Die Lüge muss hier gangbare Münze sein, wenn die Wahrheit so wenig Glauben findet. Ihr misstraut meinen Worten? So glaubt diesem schriftlichen Zeugnis. *(Er wirft Luisen den Brief an den Marschall zu.)*

LUISE *(schlägt ihn auseinander und sinkt leichenblass nieder).*   5

MILLER *(ohne das zu bemerken, zum Major).* Was soll das bedeuten, Baron? Ich verstehe Sie nicht.

FERDINAND *(führt ihn zu Luisen hin).* Desto besser hat mich diese verstanden!

MILLER *(fällt an ihr nieder).* O Gott! meine Tochter!   10

FERDINAND. Bleich wie der Tod! – Jetzt erst gefällt sie mir, deine Tochter! So schön war sie nie, die fromme, rechtschaffne Tochter – Mit diesem Leichengesicht – – Der Odem des Weltgerichts, der den Firnis von jeder Lüge streift, hat jetzt die Schminke verblasen, womit die Tausendkünstlerin auch die   15 Engel des Lichts hintergangen hat – Es ist ihr schönstes Gesicht! Es ist ihr erstes wahres Gesicht! Lass mich es küssen. *(Er will auf sie zugehen.)*

MILLER. Zurück! Weg! Greife nicht an das Vaterherz, Knabe! Vor deinen Liebkosungen konnt' ich sie nicht bewahren, aber   20 ich kann es vor deinen Misshandlungen.

FERDINAND. Was willst du, Graukopf? Mit dir hab ich nichts zu schaffen. Menge dich ja nicht in ein Spiel, das so offenbar verloren ist – oder bist du auch vielleicht klüger, als ich dir zugetraut habe? Hast du die Weisheit deiner sechzig Jahre zu den   25 Buhlschaften deiner Tochter geborgt und dies ehrwürdige Haar mit dem Gewerb eines Kupplers geschändet? – Oh! wenn das nicht ist, unglücklicher alter Mann, lege dich nieder und stirb – Noch ist es Zeit. Noch kannst du in dem süßen Taumel entschlafen: Ich war ein glücklicher Vater! – einen Augenblick   30 später, und du schleuderst die giftige Natter ihrer höllischen Heimat zu, verfluchst das Geschenk und den Geber und fährst mit der Gotteslästerung in die Grube. *(Zu Luisen.)* Sprich, Unglückselige! Schriebst du diesen Brief?

MILLER *(warnend zu Luisen).* Um Gottes willen, Tochter! Vergiss nicht! Vergiss nicht!   35

LUISE. O dieser Brief, mein Vater –

FERDINAND. Dass er in die unrechte Hände fiel? Gepriesen sei mir der Zufall, er hat größere Taten getan als die klügelnde Vernunft und wird besser bestehn an jenem Tag als der Witz aller Weisen – Zufall, sage ich? – O die Vorsehung ist dabei, wenn   40 Sperlinge fallen, warum nicht, wo ein Teufel entlarvt werden soll? – Antwort will ich! – Schriebst du diesen Brief?

MILLER *(seitwärts zu ihr mit Beschwörung).* Standhaft! Standhaft, meine Tochter! Nur noch das einzige Ja, und alles ist
überwunden.

FERDINAND. Lustig! Lustig! Auch der Vater betrogen. Alles
5   betrogen! Nun sieh, wie sie dasteht, die Schändliche, und selbst
ihre Zunge nun ihrer letzten Lüge den Gehorsam aufkündigt!
Schwöre bei Gott! bei dem fürchterlich wahren! Schriebst du
diesen Brief?

LUISE *(nach einem qualvollen Kampf, worin sie durch Blicke mit*
10   *ihrem Vater gesprochen hat, fest und entscheidend).* Ich schrieb
ihn.

FERDINAND *(bleibt erschrocken stehen).* Luise! – Nein! So
wahr meine Seele lebt! du lügst – Auch die Unschuld bekennt
sich auf der Folterbank zu Freveln, die sie nie beging – Ich frag-
15   te zu heftig – Nicht wahr, Luise – du bekanntest nur, weil ich zu
heftig fragte?

LUISE. Ich bekannte, was wahr ist.

FERDINAND. Nein sag ich! Nein! Nein! Du schriebst nicht. Es
ist deine Hand gar nicht – Und wäre sie's, warum sollten Hand-
20   schriften schwerer nachzumachen sein, als Herzen zu verderben? Rede mir wahr, Luise – oder nein, nein, tu es nicht, du
könntest Ja sagen, und ich wär verloren – Eine Lüge, Luise – eine Lüge – O wenn du jetzt eine wüsstest, mir hinwärfest mit der
offenen Engelmiene, nur mein Ohr, nur mein Aug überrede-
25   test, dieses Herz auch noch so abscheulich täuschtest – O Luise! Alle Wahrheit möchte dann mit diesem Hauch aus der
Schöpfung wandern und die gute Sache ihren starren Hals von
nun an zu einem höfischen Bückling beugen! *(Mit scheuem be-*
bendem Ton.) Schriebst du diesen Brief?

30   LUISE. Bei Gott! Bei dem fürchterlich wahren! Ja!

FERDINAND *(nach einer Pause, im Ausdruck des tiefsten*
Schmerzens). Weib! Weib! – Das Gesicht, mit dem du jetzt
vor mir stehst! – Teile mit diesem Gesicht Paradiese aus, du
wirst selbst im Reich der Verdammnis keinen Käufer finden –
35   Wusstest du, was du mir warest, Luise? Ohnmöglich! Nein! Du
wusstest nicht, dass du mir alles warst! Alles! – Es ist ein armes
verächtliches Wort, aber die Ewigkeit hat Mühe, es zu umwan-
dern, Weltsysteme vollenden ihre Bahnen darin – Alles! Und so
frevelhaft damit zu spielen – O es ist schrecklich –

40   LUISE. Sie haben mein Geständnis, Herr von Walter. Ich habe
mich selbst verdammt. Gehen Sie nun! Verlassen Sie ein Haus,
wo Sie so unglücklich waren.

FERDINAND. Gut! Gut! Ich bin ja ruhig – ruhig, sagt man ja, ist

auch der schaudernde Strich Landes, worüber die Pest ging –
ich bin's. *(Nach einigem Nachdenken.)* Noch eine Bitte, Luise –
die letzte! Mein Kopf brennt so fieberisch. Ich brauche Küh-
lung – Willst du mir ein Glas Limonade zurechtmachen? *(Luise
geht ab.)*   5

DRITTE SZENE

Ferdinand und Miller.

*Beide gehen, ohne ein Wort zu reden, einige Pausen lang
auf den entgegengesetzten Seiten des Zimmers auf und ab.*

MILLER *(bleibt endlich stehen und betrachtet den Major mit
    trauriger Miene).* Lieber Baron, kann es Ihren Gram vielleicht
    mindern, wenn ich Ihnen gestehe, dass ich Sie herzlich bedaure?
FERDINAND. Lass Er es gut sein, Miller. *(Wieder einige Schrit-
    te.)* Miller, ich weiß nur kaum noch, wie ich in Sein Haus kam –   10
    Was war die Veranlassung?
MILLER. Wie, Herr Major? Sie wollten ja Lektion auf der Flöte
    bei mir nehmen. Das wissen Sie nicht mehr?
FERDINAND *(rasch).* Ich sah Seine Tochter. *(Wiederum einige
    Pausen.)* Er hat nicht Wort gehalten, Freund. Wir akkordierten   15
    Ruhe für meine einsame Stunden. Er betrog mich und ver-
    kaufte mir Skorpionen. *(Da er Millers Bewegung sieht.)* Nein!
    Erschrick nur nicht, alter Mann. *(Gerührt an seinem Hals.)* Du
    bist nicht schuldig.
MILLER *(die Augen wischend).* Das weiß der allwissende Gott!   20
FERDINAND *(aufs Neue hin und her, in düstres Grübeln ver-
    sunken).* Seltsam, o unbegreiflich seltsam spielt Gott mit uns.
    An dünnen unmerkbaren Seilen hängen oft fürchterliche Ge-
    wichte – Wüsste der Mensch, dass er an diesem Apfel den Tod
    essen sollte – Hum! – wüsste er das? *(Heftiger auf und nieder,*   25
    dann Millers Hand mit starker Bewegung fassend.) Mann! ich
    bezahle dir dein bisschen Flöte zu teuer – – und du gewinnst
    nicht einmal – auch du verlierst – verlierst vielleicht alles. *(Ge-
    presst von ihm weggehend.)* Unglückseliges Flötenspiel, das
    mir nie hätte einfallen sollen.   30
MILLER *(sucht seine Rührung zu verbergen).* Die Limonade
    bleibt auch gar zu lang außen. Ich denke, ich sehe nach, wenn
    Sie mir's nicht für übel nehmen. –
FERDINAND. Es eilt nicht, lieber Miller – *(vor sich hinmur-*

melnd) zumal für den Vater nicht – Bleib Er nur – Was hatt' ich
doch fragen wollen? – Ja! – Ist Luise Seine einzige Tochter?
Sonst hat Er keine Kinder mehr?

MILLER *(warm)*. Habe sonst keins mehr, Baron – wünsch mir
auch keins mehr. Das Mädel ist just so recht, mein ganzes Vaterherz einzustecken – hab meine ganze Barschaft von Liebe an
der Tochter schon zugesetzt.

FERDINAND *(heftig erschüttert)*. Ha! – – Seh Er doch lieber
nach dem Trank, guter Miller. *(Miller geht ab.)*

[handschriftlich: Denkt darüber nach, dass er mit Luise dem Vater die Lebensfreude nimmt, da dieser nur sein Instrument und seine Tochter als Reichtum besitzt. Er entschließt sich, seinen Plan doch zu verwirklichen.]

VIERTE SZENE

Ferdinand allein.

FERDINAND. Das einzige Kind! – Fühlst du das, Mörder? Das
einzige! Mörder! hörst du, das einzige? – Und der Mann hat auf
der großen Welt Gottes nichts als sein Instrument und das einzige – Du willst's ihm rauben?

Rauben? – Rauben den letzten Notpfennig einem Bettler? Die
Krücke zerbrochen vor die Füße werfen dem Lahmen? Wie?
Hab ich auch Brust für das? – – Und wenn er nun heimeilt und
nicht erwarten kann, die ganze Summe seiner Freuden vom Gesicht dieser Tochter herunterzuzählen, und hereintritt, und sie
daliegt, die Blume – welk – tot – zertreten, mutwillig, die letzte,
einzige, unüberschwängliche Hoffnung – Ha! und er dasteht,
vor ihr, und dasteht und ihm die ganze Natur den lebendigen
Odem anhält, und sein erstarrter Blick die entvölkerte Unendlichkeit fruchtlos durchwandert, Gott sucht, und Gott nicht
mehr finden kann, und leerer zurückkommt – – Gott! Gott!
aber auch mein Vater hat diesen einzigen Sohn – den einzigen
Sohn, doch nicht den einzigen Reichtum – *(Nach einer Pause.)*
Doch wie? was verliert er denn? Das Mädchen, dem die heiligs-
ten Gefühle der Liebe nur Puppen waren, wird es den Vater
glücklich machen können? – Es wird nicht! Es wird nicht! Und
ich verdiene noch Dank, dass ich die Natter zertrete, ehe sie auch
noch den Vater verwundet.

FÜNFTE SZENE

Miller, der zurückkommt, und Ferdinand.

MILLER. Gleich sollen Sie bedient sein, Baron. Draußen sitzt das
arme Ding und will sich zu Tode weinen. Sie wird Ihnen mit der
Limonade auch Tränen zu trinken geben.

FERDINAND. Und wohl, wenn's nur Tränen wären! – – Weil
wir vorhin von der Musik sprachen, Miller – *(Eine Börse zie-*   5
hend.) Ich bin noch Sein Schuldner.

MILLER. Wie? Was? Gehen Sie mir, Baron! Wofür halten Sie
mich? Das steht ja in guter Hand, tun Sie mir doch den Schimpf
nicht an, und sind wir ja, will's Gott, nicht das letzte Mal bei-
einander.   10

FERDINAND. Wer kann das wissen? Nehm Er nur. Es ist für
Leben und Sterben.

MILLER *(lachend)*. O deswegen, Baron! Auf den Fall, denk ich,
kann man's wagen bei Ihnen.

FERDINAND. Man wagte wirklich – Hat Er nie gehört, dass   15
Jünglinge gefallen sind – Mädchen und Jünglinge, die Kinder
der Hoffnung, die Luftschlösser betrogener Väter – Was Wurm
und Alter nicht tun, kann oft ein Donnerschlag ausrichten –
Auch Seine Luise ist nicht unsterblich.

MILLER. Ich hab sie von Gott.   20

FERDINAND. Hör Er – Ich sag Ihm, sie ist nicht unsterblich.
Diese Tochter ist Sein Augapfel. Er hat sich mit Herz und Seel
an diese Tochter gehängt. Sei Er vorsichtig, Miller. Nur ein verzweifelter Spieler setzt alles auf einen einzigen Wurf. Einen
Waghals nennt man den Kaufmann, der auf ein Schiff sein   25
ganzes Vermögen ladet – Hör Er, denk Er der Warnung nach –
– Aber warum nimmt Er Sein Geld nicht?

MILLER. Was, Herr? Die ganze allmächtige Börse? Wohin denken Euer Gnaden?

FERDINAND. Auf meine Schuldigkeit – Da! *(Er wirft den Beu-*   30
tel auf den Tisch, dass Goldstücke herausfallen.) Ich kann den
Quark nicht eine Ewigkeit so halten.

MILLER *(bestürzt)*. Was beim großen Gott? Das klang nicht wie
Silbergeld! *(Er tritt zum Tisch und ruft mit Entsetzen.)* Wie, um
aller Himmel willen, Baron? Baron? Wo sind Sie? Was treiben   35
Sie, Baron? Das nenn ich mir Zerstreuung! *(Mit zusammenge-*
schlagenen Händen.) Hier liegt ja – oder bin ich verhext, oder –
Gott verdamm mich! Da greif ich ja das bare, gelbe, leibhafte
Gottesgold – – Nein, Satanas! Du sollst mich nicht darankriegen!

F. gibt M. all sein Geld um die 3 monatigen
Liebe zu L. zu bezahlen.

FERDINAND. Hat Er Alten oder Neuen getrunken, Miller?

MILLER *(grob)*. Donner und Wetter! Da schauen Sie nur hin! – Gold!

FERDINAND. Und was nun weiter?

5 MILLER. Ins Henkers Namen – ich sage – ich bitte Sie um Gottes Christi willen – Gold!

FERDINAND. Das ist nun freilich etwas Merkwürdiges.

MILLER *(nach einigem Stillschweigen zu ihm gehend, mit Empfindung)*. Gnädiger Herr, ich bin ein schlichter, gerader Mann,

10 wenn Sie mich etwa zu einem Bubenstück anspannen wollen – denn so viel Geld lässt sich, weiß Gott, nicht mit etwas Gutem verdienen.

FERDINAND *(bewegt)*. Sei Er ganz getrost, lieber Miller. Das Geld hat Er längst verdient, und Gott bewahre mich, dass ich

15 mich mit Seinem guten Gewissen dafür bezahlt machen sollte.

MILLER *(wie ein Halbnarr in die Höhe springend)*. Mein also! Mein! Mit des guten Gottes Wissen und Willen, mein! *(Nach der Türe laufend, schreiend.)* Weib! Tochter! Viktoria! Herbei! *(Zurückkommend.)* Aber du lieber Himmel! wie komm ich

20 denn so auf einmal zu dem ganzen grausamen Reichtum? Wie verdien ich ihn? Lohn ich ihn? Heh?

FERDINAND. Nicht mit Seinen Musikstunden, Miller – Mit dem Geld hier bezahl ich Ihm *(von Schauern ergriffen hält er inne)* bezahl ich Ihm *(nach einer Pause mit Wehmut)* den drei

25 Monat langen glücklichen Traum von Seiner Tochter.

MILLER *(fasst seine Hand, die er stark drückt)*. Gnädiger Herr! Wären Sie ein schlechter, geringer Bürgersmann – *(rasch)* und mein Mädel liebte Sie nicht – Erstechen wollt ich's, das Mädel. *(Wieder beim Geld, darauf niedergeschlagen.)* Aber da hab ich

30 ja nun alles und Sie nichts, und da werd ich nun das ganze Gaudium wieder herausblechen müssen? Heh?

FERDINAND. Lass Er sich das nicht anfechten, Freund – Ich reise ab, und in dem Land, wo ich mich zu setzen gedenke, gelten die Stempel nicht.

35 MILLER *(unterdessen mit unverwandten Augen auf das Gold hingeheftet, voll Entzückung)*. Bleibt's also mein? Bleibt's? – Aber das tut mir nur Leid, dass Sie verreisen – Und wart, was ich jetzt auftreten will! Wie ich die Backen jetzt vollnehmen will! *(Er setzt den Hut auf und schießt durch das Zimmer.)* Und

40 auf dem Markt will ich meine Musikstunden geben und Numero fünfe Dreikönig rauchen, und wenn ich wieder auf den Dreibatzenplatz sitze, soll mich der Teufel holen. *(Will fort.)*

FERDINAND. Bleib Er! Schweig Er! und streich Er sein Geld

ein. *(Nachdrücklich.)* Nur diesen Abend noch schweig Er und
geb Er, mir zu Gefallen, von nun an keine Musikstunden mehr.
MILLER *(noch hitziger und ihn hart an der Weste fassend, voll in-*
niger Freude). Und Herr! meine Tochter! *(Ihn wieder loslas-*
send.) Geld macht den Mann nicht – Geld nicht – Ich habe Kar-   5
toffeln gegessen oder ein wildes Huhn; satt ist satt, und dieser
Rock da ist ewig gut, wenn Gottes liebe Sonne nicht durch den
Ärmel scheint – Für mich ist das Plunder – Aber dem Mädel soll
der Segen bekommen, was ich ihr nur an den Augen absehen
kann, soll sie haben –   10
FERDINAND *(fällt rasch ein).* Stille, o stille –
MILLER *(immer feuriger).* Und soll mir Französisch lernen aus
dem Fundament und Menuett-Tanzen und Singen, dass man's
in den Zeitungen lesen soll; und eine Haube soll sie tragen wie
die Hofratstöchter und einen Kidebarri, wie sie's heißen, und   15
von der Geigerstochter soll man reden auf vier Meilen weit –
FERDINAND *(ergreift seine Hand mit der schrecklichsten Be-*
wegung). Nichts mehr! Nichts mehr! Um Gottes willen,
schweig Er still! Nur noch heute schweig Er still, das sei der
einzige Dank, den ich von Ihm fodre.   20

SECHSTE SZENE
Luise mit der Limonade und die Vorigen.

LUISE *(mit rot geweinten Augen und zitternder Stimme, indem*
sie dem Major das Glas auf einem Teller bringt). Sie befehlen,
wenn sie nicht stark genug ist?
FERDINAND *(nimmt das Glas, setzt es nieder und dreht sich*
rasch gegen Millern). O beinahe hätt ich das vergessen! – Darf   25
ich Ihn um etwas bitten, lieber Miller? Will Er mir einen kleinen
Gefallen tun?
MILLER. Tausend für einen! Was befehlen – –
FERDINAND. Man wird mich bei der Tafel erwarten. Zum Unglück hab ich eine sehr böse Laune. Es ist mir ganz unmöglich,   30
unter Menschen zu gehn – Will Er einen Gang tun zu meinem
Vater und mich entschuldigen?
LUISE *(erschrickt und fällt schnell ein).* Den Gang kann ja ich
tun.
MILLER. Zum Präsidenten?   35
FERDINAND. Nicht zu ihm selbst. Er übergibt Seinen Auftrag
in der Garderobe einem Kammerdiener – Zu Seiner Legitimati-

on ist hier meine Uhr – Ich bin noch da, wenn Er wiederkommt.
– Er wartet auf Antwort.

LUISE *(sehr ängstlich)*. Kann denn i c h das nicht auch besorgen?

FERDINAND *(zu Millern, der eben fort will)*. Halt, und noch et-
5 was! Hier ist ein Brief an meinen Vater, der diesen Abend an
mich eingeschlossen kam – Vielleicht dringende Geschäfte – Es
geht in e i n e r Bestellung hin –

MILLER. Schon gut, Baron!

LUISE *(hängt sich an ihn, in der entsetzlichsten Bangigkeit)*. Aber
10 mein Vater, dies alles könnt ich ja recht gut besorgen.

MILLER. Du bist allein, und es ist finstre Nacht, meine Tochter.
(Ab.)

FERDINAND. Leuchte deinem Vater, Luise. *(Währenddem,
dass sie Millern mit dem Licht begleitet, tritt er zum Tisch und
15 wirft Gift in ein Glas Limonade.)* Ja! Sie soll dran! Sie soll! Die
obern Mächte nicken mir ihr schreckliches Ja herunter, die Rache des Himmels unterschreibt, ihr guter Engel lässt sie fahren –

SIEBENTE SZENE

Ferdinand und Luise.

*Sie kommt langsam mit dem Lichte zurück, setzt es nieder und
stellt sich auf die entgegengesetzte Seite vom Major, das Gesicht
auf den Boden geschlagen und nur zuweilen furchtsam und
verstohlen nach ihm herüberschielend. Er steht auf der andern
Seite und sieht starr vor sich hinaus.*

(Großes Stillschweigen, das diesen Auftritt ankündigen muss.)

LUISE. Wollen Sie mich akkompagnieren, Herr von Walter, so
mach ich einen Gang auf dem Fortepiano. *(Sie öffnet den Pan-*
20 *talon.)*

(Ferdinand gibt ihr keine Antwort. Pause.)

LUISE. Sie sind mir auch noch Revanche auf dem Schachbrett
schuldig. Wollen wir eine Partie, Herr von Walter?

(Eine neue Pause.)

LUISE. Herr von Walter, die Brieftasche, die ich Ihnen einmal zu
sticken versprochen – Ich habe sie angefangen – Wollen Sie das
25 Dessin nicht besehen?

(Wieder eine Pause.)

LUISE. O ich bin sehr elend!

FERDINAND *(in der bisherigen Stellung)*. Das könnte wahr sein.

LUISE. Meine Schuld ist es nicht, Herr von Walter, dass Sie so schlecht unterhalten werden.

FERDINAND *(lacht beleidigend vor sich hin)*. Denn was kannst du für meine blöde Bescheidenheit?

LUISE. Ich hab es ja wohl gewusst, dass wir jetzt nicht zusammen taugen. Ich erschrak auch gleich, ich bekenne es, als Sie meinen Vater verschickten – Herr von Walter, ich vermute, dieser Augenblick wird uns beiden gleich unerträglich sein – Wenn Sie mir's erlauben wollen, so geh ich und bitte einige von meinen Bekannten her.

FERDINAND. O ja doch, das tu. Ich will auch gleich gehn und von den meinigen bitten.

LUISE *(sieht ihn stutzend an)*. Herr von Walter?

FERDINAND *(sehr hämisch)*. Bei meiner Ehre! der gescheiteste Einfall, den ein Mensch in dieser Lage nur haben kann. Wir machen aus diesem verdrüsslichen Duett eine Lustbarkeit und rächen uns mit Hilfe gewisser Galanterien an den Grillen der Liebe.

LUISE. Sie sind aufgeräumt, Herr von Walter?

FERDINAND. Ganz außerordentlich, um die Knaben auf dem Markt hinter mir herzujagen! Nein! in Wahrheit, Luise. Dein Beispiel bekehrt mich – Du sollst meine Lehrerin sein. Toren sind's, die von ewiger Liebe schwatzen, ewiges Einerlei widersteht, Veränderung nur ist das Salz des Vergnügens – Topp, Luise! Ich bin dabei – Wir hüpfen von Roman zu Romane, wälzen uns von Schlamme zu Schlamm – Du dahin – Ich dorthin – Vielleicht, dass meine verlorene Ruhe sich in einem Bordell wieder finden lässt – Vielleicht, dass wir dann nach dem lustigen Wettlauf, zwei modernde Gerippe, mit der angenehmsten Überraschung von der Welt zum zweiten Mal aufeinander stoßen, dass wir uns da an dem gemeinschaftlichen Familienzug, den kein Kind dieser Mutter verleugnet, wie in Komödien wieder erkennen, dass Ekel und Scham noch eine Harmonie veranstalten, die der zärtlichsten Liebe unmöglich gewesen ist.

LUISE. O Jüngling! Jüngling! Unglücklich bist du schon, willst du es auch noch verdienen?

FERDINAND *(ergrimmt durch die Zähne murmelnd)*. Unglücklich bin ich? Wer hat dir das gesagt? Weib, du bist zu schlecht, um selbst zu empfinden – womit kannst du eines andern Empfindungen wägen? – Unglücklich, sagte sie? – Ha! dieses Wort könnte meine Wut aus dem Grabe rufen! – Unglücklich muss' ich werden, das wusste sie. Tod und Ver-

dammnis! das wusste sie und hat mich dennoch verraten – Siehe, Schlange! Das war der einzige Fleck der Vergebung – Deine Aussage bricht dir den Hals – Bis jetzt konnt' ich deinen Frevel mit deiner Einfalt beschönigen, in meiner V e r a c h t u n g wärst
5   du beinahe meiner R a c h e entsprungen. *(Indem er hastig das Glas ergreift.)* Also leichtsinnig warst du nicht – dumm warst du nicht – du warst nur ein Teufel. *(Er trinkt.)* Die Limonade ist matt wie deine Seele – Versuche!

LUISE. O Himmel! Nicht umsonst hab ich diesen Auftritt ge-
10   fürchtet.

FERDINAND *(gebieterisch)*. Versuche!

LUISE *(nimmt das Glas etwas unwillig und trinkt)*.

FERDINAND *(wendet sich, sobald sie das Glas an den Mund setzt, mit einer plötzlichen Erblassung weg und eilt nach dem*
15   *hintersten Winkel des Zimmers)*.

LUISE. Die Limonade ist gut.

FERDINAND *(ohne sich umzukehren, von Schauer geschüttelt)*. Wohl bekomm's!

LUISE *(nachdem sie es niedergesetzt)*. O wenn Sie wüssten, Wal-
20   ter, wie ungeheuer Sie meine Seele beleidigen.

FERDINAND. Hum!

LUISE. Es wird eine Zeit kommen, Walter –

FERDINAND *(wieder vorwärts kommend)*. Oh! Mit der Z e i t wären wir fertig.

25 LUISE. Wo der heutige Abend schwer auf Ihr Herz fallen dürfte –

FERDINAND *(fängt an stärker zu gehen und beunruhigter zu werden, indem er Schärpe und Degen von sich wirft)*. Gute Nacht, Herrendienst!

LUISE. Mein Gott! Wie wird Ihnen?

30 FERDINAND. Heiß und enge – Will mir's bequemer machen.

LUISE. Trinken Sie! Trinken Sie! Der Trank wird Sie kühlen.

FERDINAND. Das wird er auch ganz gewiss – Die Metze ist gutherzig, doch! das sind alle!

LUISE *(mit dem vollen Ausdruck der Liebe ihm in die Arme ei-*
35   *lend)*. Das deiner Luise, Ferdinand?

FERDINAND *(drückt sie von sich)*. Fort! Fort! Diese sanfte schmelzende Augen weg! Ich erliege. Komm in deiner ungeheuren Furchtbarkeit, Schlange spring an mir auf, Wurm – krame vor mir deine grässliche Knoten aus, bäume deine Wirbel zum Himmel – So abscheulich, als dich jemals der Abgrund sah
40   – Nur keinen Engel mèhr – Nur jetzt keinen Engel mehr – es ist zu spät – Ich muss dich zertreten wie eine Natter, oder verzweifeln – Erbarme dich!

LUISE. Oh! Dass es so weit kommen musste!

FERDINAND *(sie von der Seite betrachtend).* Dieses schöne
Werk des himmlischen Bildners – Wer kann das glauben? – Wer
sollte das glauben? *(Ihre Hand fassend und emporhaltend.)* Ich
will dich nicht zur Rede stellen, Gott Schöpfer – aber warum   5
denn dein Gift in so schönen Gefäßen? – – Kann das Laster in
diesem milden Himmelstrich fortkommen? – O es ist seltsam.

LUISE. Das anzuhören und schweigen zu müssen!

FERDINAND. Und die süße, melodische Stimme – Wie kann so
viel Wohlklang kommen aus zerrissenen Saiten? *(Mit trunke-*   10
nem Aug auf ihrem Anblick verweilend.) Alles so schön – so
voll Ebenmaß – so göttlich vollkommen! – Überall das Werk
seiner himmlischen Schäferstunde! Bei Gott! als wäre die große
Welt nur entstanden, den Schöpfer für dieses Meisterstück in
Laune zu setzen! – – Und nur in der S e e l e sollte Gott sich ver-   15
griffen haben? Ist es möglich, dass diese empörende Missgeburt
in die Natur ohne Tadel kam? *(Indem er sie schnell verlässt.)*
Oder sah er einen Engel unter dem Meißel hervorgehen und
half diesem Irrtum in der Eile mit einem desto schlechteren
Herzen ab?   20

LUISE. O des frevelhaften Eigensinns! Ehe er sich eine Übereilung gestände, greift er lieber den Himmel an.

FERDINAND *(stürzt ihr heftig weinend an den Hals).* Noch
einmal, Luise – Noch einmal, wie am Tag unsers ersten Kusses,
da du Ferdinand stammeltest und das erste Du auf deine bren-   25
nende Lippen trat – O eine Saat unendlicher, unaussprechlicher
Freuden schien in dem Augenblick wie in der Knospe zu liegen
– Da lag die Ewigkeit wie ein schöner Maitag vor unsern Augen;
goldne Jahrtausende hüpften wie Bräute vor unsrer Seele vorbei
– Da war ich der Glückliche! – O Luise! Luise! Luise! Warum   30
hast du mir das getan?

LUISE. Weinen Sie, weinen Sie, Walter. Ihre Wehmut wird ge-
rechter gegen mich sein als Ihre Entrüstung.

FERDINAND. Du betrügst dich. Das sind ihre Tränen nicht –
Nicht jener warme wollüstige Tau, der in die Wunde der Seele   35
balsamisch fließt und das starre Rad der Empfindung wieder in
Gang bringt. Es sind einzelne – kalte Tropfen – das schauerliche
ewige Lebewohl meiner Liebe. *(Furchtbar feierlich, indem er
die Hand auf ihren Kopf sinken lässt.)* Tränen um deine Seele,
Luise – Tränen um die Gottheit, die ihres unendlichen Wohl-   40
wollens hier verfehlte, die so mutwillig um das herrlichste ihrer
Werke kommt – O mich deucht, die ganze Schöpfung sollte den
Flor anlegen und über das Beispiel betreten sein, das in ihrer

Mitte geschieht – Es ist was Gemeines, dass Menschen fallen und Paradiese verloren werden; aber wenn die Pest unter Engel wütet, so rufe man Trauer aus durch die ganze Natur.

LUISE. Treiben Sie mich nicht aufs Äußerste, Walter. Ich habe
5   Seelenstärke so gut wie eine – aber sie muss auf eine menschliche Probe kommen. Walter, das Wort noch und dann geschieden – – Ein entsetzliches Schicksal hat die Sprache unsrer Herzen verwirrt. Dürft ich den Mund auftun, Walter, ich könnte dir Dinge sagen – ich könnte – – aber das harte Verhängnis band
10 meine Zunge wie meine Liebe, und dulden muss ich's, wenn du mich wie eine gemeine Metze misshandelst.

FERDINAND. Fühlst du dich wohl, Luise?

LUISE. Wozu diese Frage?

FERDINAND. Sonst sollte mir's Leid um dich tun, wenn du mit
15 dieser Lüge von hinnen müsstest.

LUISE. Ich beschwöre Sie, Walter –

FERDINAND (unter heftigen Bewegungen). Nein! Nein! zu satanisch wäre diese Rache! Nein, Gott bewahre mich! in jene Welt hinaus will ich's nicht treiben – Luise! Hast du den Mar-
20 schall geliebt? Du wirst nicht mehr aus diesem Zimmer gehen.

LUISE. Fragen Sie, was Sie wollen. Ich antworte nichts mehr. (Sie setzt sich nieder.)

FERDINAND (ernster). Sorge für deine unsterbliche Seele, Luise! – Hast du den Marschall geliebt? Du wirst nicht mehr aus
25 diesem Zimmer gehen.

LUISE. Ich antworte nichts mehr.

FERDINAND (fällt in fürchterlicher Bewegung vor ihr nieder). Luise! Hast du den Marschall geliebt? Ehe dieses Licht noch ausbrennt – stehst du – vor Gott!

30 LUISE (fährt erschrocken in die Höhe). Jesus! Was ist das? – – – und mir wird sehr übel. (Sie sinkt auf den Sessel zurück.)

FERDINAND. Schon? – Über euch Weiber und das ewige Rätsel! Die zärtliche Nerve hält Freveln fest, die die Menschheit an ihren Wurzeln zernagen; ein elender Gran Arsenik wirft sie
35 um –

LUISE. Gift! Gift! O mein Herrgott!

FERDINAND. So fürcht ich. Deine Limonade war in der Hölle gewürzt. Du hast sie dem Tod zugetrunken.

LUISE. Sterben! Sterben! Gott allbarmherziger! Gift in der Li-
40 monade und sterben! – O meiner Seele erbarme dich, Gott der Erbarmer!

FERDINAND. Das ist die Hauptsache. Ich bitt ihn auch darum.

LUISE. Und meine Mutter – mein Vater – Heiland der Welt! mein

armer verlorener Vater! – Ist keine Rettung mehr? Mein junges
Leben und keine Rettung! und muss ich jetzt schon dahin?
FERDINAND. Keine Rettung, musst jetzt schon dahin – aber sei
ruhig: Wir machen die Reise zusammen.
LUISE. Ferdinand, auch du! Gift, Ferdinand! Von dir? O Gott,   5
vergiss es ihm – Gott der Gnade, nimm die Sünde von ihm –
FERDINAND. Sieh du nach d e i n e n Rechnungen – Ich fürchte,
sie stehen übel.
LUISE. Ferdinand! Ferdinand! – Oh – Nun kann ich nicht mehr
schweigen – der Tod – der Tod hebt alle Eide auf – Ferdinand –   10
Himmel und Erde hat nichts Unglückseligers als dich – Ich
sterbe unschuldig, Ferdinand.
FERDINAND *(erschrocken).* Was sagt sie da? – Eine Lüge pflegt
man doch sonst nicht auf d i e s e Reise zu nehmen?
LUISE. Ich lüge nicht – lüge nicht – hab nur einmal gelogen mein   15
Leben lang – Hu! Wie das eiskalt durch meine Adern schauert –
– als ich den Brief schrieb an den Hofmarschall –
FERDINAND. Ha! dieser Brief! – Gottlob! Jetzt hab ich all mei-
ne Mannheit wieder.
LUISE *(ihre Zunge wird schwerer, ihre Finger fangen an, gichte-*   20
risch zu zucken). Dieser Brief – Fasse dich, ein entsetzliches
Wort zu hören – Meine Hand schrieb, was mein Herz ver-
dammte – dein Vater hat ihn diktiert.
FERDINAND *(starr und einer Bildsäule gleich, in langer toter*
Pause hingewurzelt, fällt endlich wie von einem Donnerschlag   25
nieder).
LUISE. O des kläglichen Missverstands – Ferdinand – Man
zwang mich – vergib – deine Luise hätte den Tod vorgezogen –
aber mein Vater – die Gefahr – sie machten es listig.
FERDINAND *(schrecklich emporgeworfen).* Gelobet sei Gott!   30
Noch spür ich den Gift nicht. *(Er reißt den Degen heraus.)*
LUISE *(von Schwäche zu Schwäche sinkend).* Weh! Was beginnst
du? Es ist dein Vater –
FERDINAND *(im Ausdruck der unbändigsten Wut).* Mörder
und Mördervater! – Mit muss er, dass der Richter der Welt nur   35
gegen den Schuldigen rase. *(Will hinaus.)*
LUISE. Sterbend vergab mein Erlöser – Heil über dich und ihn.
(Sie stirbt.)
FERDINAND *(kehrt schnell um, wird ihre letzte, sterbende Be-*
wegung gewahr und fällt in Schmerz aufgelöst vor der Toten   40
nieder). Halt! Halt! Entspringe mir nicht, Engel des Himmels!
(Er fasst ihre Hand an und lässt sie schnell wieder fallen.) Kalt,
kalt und feucht! Ihre Seele ist dahin. *(Er springt wieder auf.)*

Gott meiner Luise! Gnade! Gnade dem verruchtesten der Mörder! Es war ihr letztes Gebet! – – Wie reizend und schön auch im Leichnam! Der gerührte Würger ging schonend über diese freundliche Wangen hin – Diese Sanftmut war keine Larve – sie hat auch dem Tod standgehalten. *(Nach einer Pause.)* Aber wie? Warum fühl ich nichts? Will die Kraft meiner Jugend mich retten? Undankbare Mühe! Das ist meine Meinung nicht. *(Er greift nach dem Glase.)*

LETZTE SZENE

Ferdinand. Der Präsident. Wurm und Bediente, welche alle voll Schrecken ins Zimmer stürzen; darauf Miller mit Volk und Gerichtsdienern, welche sich im Hintergrund sammeln.

PRÄSIDENT *(den Brief in der Hand)* Sohn, was ist das? – Ich will doch nimmermehr glauben –

FERDINAND *(wirft ihm das Glas vor die Füße)*. So sieh, Mörder!

PRÄSIDENT *(taumelt hinter sich. Alle erstarren. Eine schröckhafte Pause)*. Mein Sohn! Warum hast du mir das getan?

FERDINAND *(ohne ihn anzusehen)*. O ja freilich! Ich hätte den Staatsmann erst hören sollen, ob der Streich auch zu seinen Karten passe? – Fein und bewundernswert, ich gesteh's, war die Finte, den Bund unsrer Herzen zu zerreißen durch Eifersucht – Die Rechnung hatte ein Meister gemacht, aber schade nur, dass die zürnende Liebe dem Draht nicht so gehorsam blieb wie deine hölzerne Puppe.

PRÄSIDENT *(sucht mit verdrehten Augen im ganzen Kreis herum)*. Ist hier niemand, der um einen trostlosen Vater weinte?

MILLER *(hinter der Szene rufend)*. Lasst mich hinein! Um Gottes willen! Lasst mich!

FERDINAND. Das Mädchen ist eine Heilige – für sie muss ein anderer rechten. *(Er öffnet Millern die Türe, der mit Volk und Gerichtsdienern hereinstürzt.)*

MILLER *(in der fürchterlichsten Angst)*. Mein Kind! Mein Kind! – Gift – Gift, schreit man, sei hier genommen worden – Meine Tochter! Wo bist du?

FERDINAND *(führt ihn zwischen den Präsidenten und Luisens Leiche)*. Ich bin unschuldig – Danke diesem hier.

MILLER *(fällt an ihr zu Boden)*. O Jesus!

FERDINAND. In wenig Worten, Vater – sie fangen an, mir kost-

bar zu werden – Ich bin bübisch um mein Leben bestohlen, bestohlen durch Sie. Wie ich mit Gott stehe, zittre ich – doch ein
Bösewicht bin ich niemals gewesen. Mein ewiges Los falle, wie
es will – auf Sie fall es nicht – Aber ich hab einen Mord began-
gen, *(mit furchtbar erhobener Stimme)* einen Mord, den du mir   5
nicht zumuten wirst, allein vor den Richter der Welt hinzu-
schleppen; feierlich wälz ich dir hier die größte grässlichste
Hälfte zu, wie du damit zurechtkommen magst, siehe du selber!
(Ihn zu Luisen hinführend.) Hier, Barbar! Weide dich an der
entsetzlichen Frucht deines Witzes, auf dieses Gesicht ist mit   10
Verzerrungen dein Name geschrieben, und die Würgengel werden ihn lesen – Eine Gestalt wie diese ziehe den Vorhang von
deinem Bette, wenn du schläfst, und gebe dir ihre eiskalte Hand
– Eine Gestalt wie diese stehe vor deiner Seele, wenn du stirbst,
und dränge dein letztes Gebet weg. – Eine Gestalt wie diese ste-   15
he auf deinem Grabe, wenn du auferstehst – und neben Gott,
wenn er dich richtet. *(Er wird ohnmächtig, Bediente halten
ihn.)*

PRÄSIDENT *(eine schreckliche Bewegung des Arms gegen den
Himmel).* Von mir nicht, von mir nicht, Richter der Welt – fod-   20
re diese Seelen von diesem! *(Er geht auf Wurm zu.)*

WURM *(auffahrend).* Von mir?

PRÄSIDENT. Verfluchter, von dir! Von dir, Satan! – Du, du
gabst den Schlangenrat – Über dich die Verantwortung – Ich
wasche die Hände.   25

WURM. Über mich? *(Er fängt grässlich an zu lachen.)* Lustig!
Lustig! So weiß ich doch nun auch, auf was Art sich die Teufel
danken. – Über mich, dummer Bösewicht? War es mein
Sohn? War ich dein Gebieter? – Über mich die Verantwortung? Ha! bei diesem Anblick, der alles Mark in meinen Gebei-   30
nen erkältet! Über mich soll sie kommen! – Jetzt will ich verloren sein, aber du sollst es mit mir sein – Auf! Auf! Ruft Mord
durch die Gassen! Weckt die Justiz auf! Gerichtsdiener, bindet
mich! Führt mich von hinnen! Ich will Geheimnisse aufdecken,
dass denen, die sie hören, die Haut schauern soll. *(Will gehn.)*   35

PRÄSIDENT *(hält ihn).* Du wirst doch nicht, Rasender?

WURM *(klopft ihn auf die Schultern).* Ich werde, Kamerad! Ich
werde – Rasend bin ich, das ist wahr – das ist dein Werk – so will
ich auch jetzt handeln wie ein Rasender – Arm in Arm mit dir
zum Blutgerüst! Arm in Arm mit dir zur Hölle! Es soll mich   40
kitzeln, Bube, mit dir verdammt zu sein! *(Er wird abgeführt.)*

MILLER *(der die ganze Zeit über, den Kopf in Luisens Schoß gesunken, in stummem Schmerze gelegen hat, steht schnell auf*

und wirft dem Major die Börse vor die Füße). Giftmischer! Behalt dein verfluchtes Gold! – Wolltest du mir mein Kind damit abkaufen? *(Er stürzt aus dem Zimmer.)*

FERDINAND *(mit brechender Stimme).* Geht ihm nach! Er verzweifelt – Das Geld hier soll man ihm retten – Es ist meine fürchterliche Erkenntlichkeit. Luise – Luise – Ich komme – – Lebt wohl – – Lasst mich an diesem Altar verscheiden –

PRÄSIDENT *(aus einer dumpfen Betäubung, zu seinem Sohn).* Sohn Ferdinand! Soll kein Blick mehr auf einen zerschmetterten Vater fallen?

　　(Der Major wird neben Luisen niedergelassen.)

FERDINAND. Gott dem Erbarmenden gehört dieser letzte.

PRÄSIDENT *(in der schrecklichsten Qual vor ihm niederfallend).* Geschöpf und Schöpfer verlassen mich – Soll kein Blick mehr zu meiner letzten Erquickung fallen?

FERDINAND *(reicht ihm seine sterbende Hand).*

PRÄSIDENT *(steht schnell auf).* Er vergab mir! *(Zu den andern.)* Jetzt euer Gefangener!

　　(Er geht ab, Gerichtsdiener folgen ihm, der Vorhang fällt.)

NACHWORT

Zur Entstehungsgeschichte des Dramas

„Kabale und Liebe" ist nach den „Räubern" (Hamburger Leseheft Nr.
48) und nach dem „Fiesko" das dritte in der Reihe von Schillers Jugenddramen; die Entstehung fällt in die Zeit seiner Wanderjahre. Am Aus-
gang dieser Periode steht der „Don Carlos" (Hamburger Leseheft Nr.
80), der 1787 in Sachsen vollendet wurde.

Die Aufführung der „Räuber" im Januar 1782 auf dem Mannheimer
Nationaltheater hatte den jungen Dichter mit einem Schlage berühmt
gemacht. Dieses Drama war noch während seines letzten Schuljahres auf
der „Herzoglichen Militärakademie" entstanden, welche Schiller mit einem medizinischen Examen abschloss. Danach war Schiller dann noch
für eine kurze Zeit Unterarzt bei einem Invalidenregiment in Stuttgart –
eine Stellung, die ihm ein bescheidenes Einkommen sicherte, die aber
nur wenig Aussichten auf ein Fortkommen bot. Zudem war er als subal-
terner Militärarzt eingezwängt in eine Uniform, in die er gar nicht hi-
neinpasste, und als Schriftsteller gebunden durch landesherrliche Vor-
schriften und in seiner Freizügigkeit gehemmt durch die Dienstord-
nung; für eine Reise nach Mannheim zu einer Besprechung mit dem
Theaterintendanten, die er im Mai 1782 ohne Erlaubnis unternommen
hatte, wurde er mit 14 Tagen Arrest bestraft. Während dieser Haft soll er
neben der Arbeit am „Fiesko" auch schon den Plan zu einem neuen
Stück entworfen haben, das „Luise Millerin" heißen sollte.

In der Nacht vom 22. zum 23. September 1782 erfolgte dann Schillers
Flucht aus Stuttgart nach Mannheim, wo er schon Ende September den
bis auf den 5. Akt vollendeten „Fiesko" vorlesen kann, dessen Erstdruck
1783 erscheint. Noch im August desselben Jahres wird auch seine „Luise Millerin" fertig, die dann bald den Titel „Kabale und Liebe" erhielt.

Der Dichter wurde damals unstet zwischen Mannheim und dem ent-
fernten Meiningen umhergetrieben. Muße zur Arbeit fand er bei Freun-
den, zunächst in Oggersheim bei Mannheim und dann – von Anfang
Dezember 1782 bis Ende Juli 1783 – in dem reichsfreien Gebiet von Bauerbach bei Meiningen, auf einem Gut der Frau von Wolzogen. Aus der
Meininger Bibliothek beschaffte Schiller sich die nötige Literatur.
Mannheim mit seinem Theater, mit dem Intendanten Heribert von Dalberg, dem Schauspieler Iffland und dem verständigen Verleger Schwan
wurde auch für den „Fiesko" und für „Kabale und Liebe" die erste Um-
schlagstätte. Der Druck der beiden Werke erfolgte 1783 und 1784 in der
Schwan'schen Hofbuchhandlung, fast gleichzeitig mit dem Erscheinen
der Buchausgaben die Aufführungen auf der Mannheimer Bühne: im Januar 1784 die erste Aufführung des „Fiesko", die wenig Erfolg hatte, am
15. April 1784 (nach einer Uraufführung am 13. April mit geringeren
Kräften in Frankfurt) die Aufführung von „Kabale und Liebe", die hier
an diesem ersten Abend beim Publikum einen stürmischen Beifall erhielt. Die scharfen Stimmen der Kritik, die sich bald meldeten, haben
dem Drama auf dem Theater wenig geschadet; „Kabale und Liebe" ist
bis heute eines der wirksamsten Bühnenstücke geblieben, während die

Zugstücke von Iffland und Kotzebue, die ihm in Mannheim bald den Rang abliefen, heute längst vergessen sind.

Einige Daten zur Geschichte der bürgerlichen Tragödie

Schillers Drama trägt als Untertitel die Bezeichnung „Ein bürgerliches Trauerspiel". Als es 1784 erschien, waren Sache und Begriff nicht viel älter als fünfzig Jahre, wenn man den Begriff einschränkt auf die vollausgebildeten Werke dieser Gattung.

Fürsten und Standespersonen sind die tragenden Figuren in der europäischen Tragödie des 17. Jahrhunderts; die Vertreter anderer Stände wurden nur als Nebenfiguren zugelassen, eine Regel – die auch für die ersten Jahrzehnte des 18. Jahrhunderts verbindlich bleibt und die in Gottscheds „Critischer Dichtkunst" von 1730 ausdrücklich anerkannt wird. Aber als Gottscheds Poetik erschien, hatte George Lillo die Schranke bereits durchbrochen. In demselben Jahr 1730 veröffentlicht dieser Engländer (von dem man sonst wenig weiß) seinen „London Merchant, or the History of George Barnwell", die Geschichte eines jungen Kaufmanns, den eine Frau dazu verführt, seinen Prinzipal zu berauben und seinen Onkel zu ermorden und der zum Schluss zusammen mit seiner Partnerin der irdischen Gerechtigkeit anheim fällt.

Erst in diesem Werk sieht Oskar Walzel das erste vollgültige bürgerliche Drama:

„Bürgerliche Dramen im weiteren Sinne des Wortes gab es schon vor Lillo. Aber nur seit Lillo gibt es eine bürgerliche Dramatik, der ein Anspruch eingeboren ist, *die* Dramatik neuester Zeit zu sein. Voraussetzung dieses Anspruchs ist die gesellschaftliche Umwälzung, die in England sich auf dem Wege vom 17. zum 18. Jahrhundert (1688 Sturz der Stuarts!) vollzieht. Diese Voraussetzung bleibt auch bestehen, wo das Bürgertum minder stolz und seiner Macht minder bewusst auftritt als in Lillos Drama."

Neben diesem neuen Machtgefühl des Bürgertums erscheint in Lillos Drama als zweiter Grundzug dieser Gattung das Bekenntnis zu der neuen Aufklärungsmoral, zu einem „sittlichen Optimismus", der sich später zu einer entschiedenen und angriffslustigen Gesellschaftskritik entwickeln sollte.

In Deutschland findet Lillos Werk 1755 seine erste Nachfolge in Lessings „Miss Sara Sampson" – zu einer Zeit, als das Standesbewusstsein des deutschen Bürgertums noch so wenig ausgeprägt war, dass einer seiner aufgeklärtesten Vertreter den Schauplatz seines bürgerlichen Trauerspieles nach England verlegt.

Lessing hat die Neuerungen im Drama damals auf seine Weise kommentiert: Als man glaubte, „dass die Welt lange genug im Lustspiele gelacht und abgeschmackte Laster ausgezischt habe, kam man ... auf den Einfall, die Welt endlich einmal auch darinne weinen und an stillen Tugenden ein edles Vergnügen finden zu lassen. (Und man hielt) es für unbillig, dass nur Regenten und hohe Standespersonen in uns Schrecken und Mitleid erwecken sollten; man suchte sich also aus dem Mittelstande Helden, und schnallte ihnen den tragischen Stiefel an, in dem man sie sonst, nur ihn lächerlich zu machen, gesehen hatte.

Die erste Veränderung brachte dasjenige hervor, was seine Anhänger das rührende Lustspiel, und seine Widersacher das weinerliche nennen. Aus der zweiten Veränderung entstand das bürgerliche Trauerspiel. Jene ist von den Franzosen und diese von den Engländern gemacht worden ..." – Bald nach dem Erscheinen von „Miss Sara Sampson" entwickelt sich in Frankreich aus dem rührenden Lustspiel das Rührstück der französischen bürgerlichen Tragödie, die sich ganz in den Dienst der Aufklärungsmoral stellt. Ihr Hauptvertreter ist Diderot. „Diese französischen Dramen verfahren mäßiger (als Lillo und Lessing) und wussten am Ende gar zu gefallen. Sie waren dem ehrbaren Bürger- und Familiensinn gemäß, der immer mehr obzuwalten anfing." So urteilte später Goethe über diese Stücke, während Lessing Diderot einen großen Anteil an der Bildung seines Geschmacks einräumt.

Als Lessing dann aber 1772 in seiner „Emilia Galotti" noch einmal das Thema der bürgerlichen Tragödie wieder aufnimmt, gibt er ihm eine neue Richtung durch die Kritik an den höheren Ständen, die hier zum ersten Mal angeschlagen wird.

In denselben Jahren entsteht in Deutschland die literarische Bewegung des Sturm und Drang. „Goethe und seine Genossen hatten zu Wegweisern auf dem Felde bürgerlicher Dramatik ebenso die beiden Werke Lessings von 1755 und 1772 wie Diderots beide Familiendramen und seine sittlichen Absichten, endlich aber einen zweiten Franzosen, der über Lessing und Diderot hinaus ihnen einen neuen Gedanken zur dichterischen Verwertung anbot: Louis Sébastien Mercier."

Mercier, ein Schüler Rousseaus und Verfasser einer utopischen Schrift, ist in erster Linie Gesellschaftskritiker. In seinem „Versuch über die Schauspielkunst und über das Theater" fordert er vom Dramendichter einen kritischen Realismus, der die Tragik des bürgerlichen Dramas als das Ergebnis gesellschaftlicher Umstände erweisen soll. Im Sinne der hier geforderten Kritik führt die Sturm-und-Drang-Literatur ihren Kampf für die „Menschheit" – gegen die bestehende Gesellschaftsordnung und ihre Missstände. Um 1775 schreiben Lenz und Wagner ihre bürgerlichen Schauspiele.

Auch als Anklagestücke wurden sie weit übertroffen von Schillers „Kabale und Liebe", das – als „Produktion genialer jugendlicher Ungeduld und Unwillens über einen schweren Erziehungsdruck" – knapp zehn Jahre später entstand und das zugleich Höhepunkt und Abschluss des bürgerlichen Dramas im 18. Jahrhundert darstellt. Aber die vernichtende Schärfe der Anklage ist doch nur ein hervorstechender Zug dieser Dichtung, deren tieferer Sinn durch den Titel „Kabale und Liebe" verdeckt wird. Der eigentliche Kern der Tragik liegt hier einmal darin, dass der Mensch, der das Unbedingte in dieser Welt verwirklichen will, diesen Versuch mit dem Leben bezahlen muss (das ist Ferdinands Schicksal), und zum anderen in dem Konflikt zwischen einer schrankenlosen Liebe und der Bindung an die Satzungen einer bürgerlichen Ordnung, an dem Luise zerbricht. Dadurch wird aus einem Tendenzstück eine echte Tragödie.

ZEITTAFEL

1759   Geburt Johann Christoph Friedrich Schillers in Marbach am Neckar.

1766   Eintritt in die Lateinschule Ludwigsburg.

1773   Eintritt in die neu gegründete Militärakademie *Karlsschule* auf Geheiß des württembergischen Herzogs Karl Eugen; erst Jura-, ab 1775 Medizinstudium; Lektüre zahlreicher Dichter und Philosophen; erste eigene Dichtungen.

1780   Abschluss der Militärakademie mit der Dissertation *Versuch über den Zusammenhang der tierischen Natur des Menschen mit seiner geistigen*, nachdem Schillers erste Dissertation 1779 nicht genehmigt worden war;
Karl Eugen ernennt Schiller zum Regimentsarzt.

1782   im Januar Uraufführung einer bearbeiteten Fassung der *Räuber* (1781 anonym erschienen) im Nationaltheater Mannheim, welcher Schiller heimlich beiwohnt; die Bühnenaufführung ist großer Erfolg;
im Mai erneut Reise nach Mannheim, für die Karl Eugen Schiller wegen unerlaubten Entfernens aus Stuttgart mit 14 Tagen Arrest bestraft; Schillers Bittgesuch, weiterhin nebenbei dichten zu dürfen, lehnt der Herzog ab;
am 22./23. September Flucht aus Stuttgart nach Mannheim in Begleitung des Freundes A. Streicher; in Mannheim keine Unterstützung des *Fiesko*-Projektes; bis Jahresende hält Schiller sich an verschiedenen Orten versteckt.

1782/1783 im Dezember folgt Schiller der Einladung Henriettes von Wolzogen, ihr Gutshaus in Bauerbach (Thüringen) zu nutzen; Freundschaft mit Bibliothekar Reinwald, der später Schillers Schwester Christophine heiratet; Arbeit an *Luise Millerin*; Pläne zu *Don Carlos* und *Maria Stuart*.

1783   im Juli Bühnenfassung der *Luise Millerin* beendet, Reise nach Mannheim zu Theaterintendant von Dalberg; Schiller wird als Theaterdichter verpflichtet und erhält festes Jahresgehalt.

1784   trotz schwerer Erkrankung stellt Schiller zweite Fassung des *Fiesko* fertig; im Januar Aufführung in Mannheim, kein Erfolg; im April Aufführung des Dramas *Luise Millerin*, welches in *Kabale und Liebe* umbenannt wird; bringt Schiller ersehnten Erfolg;
Schiller wird Mitglied in der Kurfürstlichen Deutschen Gesellschaft in Mannheim und hält im Juni seine Antrittsrede *Vom Wirken der Schaubühne auf das Volk*; 1785 Veröffentlichung unter dem Titel *Was kann eine gute stehende Schaubühne eigentlich wirken?*; 1802 erscheint überarbeitete Fassung *Die Schaubühne als moralische Anstalt betrachtet*;
im September wird Vertrag mit Mannheimer Nationaltheater nicht verlängert, Schiller gerät in finanzielle Notlage; außerdem Verstrickung in unglückliche Liebesaffäre, sodass Schiller Mannheim in verzweifelter Stimmung verlassen

möchte und eine bereits länger bestehende Einladung von ihm unbekannten Verehrern annimmt.

1785   von April 1785 bis Juli 1787 wohnt Schiller als Gast des Konsistorialrates Christian Gottfried Körner in Leipzig und Dresden; Freundschaft mit Körner und dessen Umfeld, großzügige Unterstützung Schillers durch Körner;
An die Freude fertig gestellt, Weiterarbeit an *Don Carlos*.

1786   Beginn des Romans *Der Geisterseher*.

1787   vollständige Fassung des *Don Carlos* erscheint bei Göschen; im Juli verlässt Schiller Dresden; bis Mai 1788 Aufenthalt in Weimar; Bekanntschaft mit Herder; freundschaftliche Beziehung zu Wieland; Mitarbeit an Wielands Zeitschrift *Der Teutsche Merkur*, wo u. a. das erste Kapitel des *Geistersehers* erscheint.

1788   im Winter Besuch in Süddeutschland; in Rudolstadt lernt Schiller die Schwestern Caroline und Charlotte von Lengefeld kennen;
wieder in Weimar intensive Arbeit, u. a. historische Studien; Plan, sich historisches Wissen anzueignen und diese Stoffe lebendig darzustellen, um so sein Auskommen zu erreichen;
im Sommer mehrmonatiger Aufenthalt in Rudolstadt; intensive Besuche bei den Schwestern von Lengefeld; im September erste Begegnung mit Goethe;
Ende Oktober erscheint der erste und einzige Teil des historischen Werks *Geschichte des Abfalls der vereinigten Niederlande von der spanischen Regierung*; das eigentlich auf 6 Bände konzipierte Werk findet allgemeinen Beifall; Schillers Motiv war u. a. die Aussicht auf eine Professur in Jena und damit die Verbesserung seiner materiellen Lage;
im Dezember Berufung als Professor für Geschichte durch die Universität Jena; 1789 Übersiedlung nach Jena; Schiller hält seine berühmt gewordene Antrittsvorlesung *Was heißt und zu welchem Ende studiert man Universalgeschichte?*, die im selben Jahr im *Teutschen Merkur* erscheint;
um Schillers geplante Heirat mit Charlotte von Lengefeld zu ermöglichen, gewährt Herzog Karl August von Weimar Schiller eine jährliche Pension.

1790   im Februar heiraten Schiller und Charlotte von Lengefeld; schwere Erkrankung Schillers (wohl Lungenentzündung), von der er sich nie wieder vollständig erholen wird; Kur in Karlsbad;
mit großer Anstrengung bringt Schiller den 2. Teil der *Geschichte des 30-jährigen Krieges* zu Ende; wieder finanzielle Sorgen, da die Krankheit viel Geld verschlungen hat.

1791   der dänische Dichter Baggesen besucht Schiller, ist von diesem tief beeindruckt; Baggesen setzt sich bei der dänischen Regierung für Schiller ein, dem daraufhin eine dreijährige Pension gewährt wird;
Auseinandersetzung Schillers mit dem Werk Kants.

1792	Krankheitsrückfall, Aussetzen des Sommersemesters; 3. Band der *Geschichte des 30-jährigen Krieges* wird fertig gestellt; Ernennung zum frz. Ehrenbürger vom frz. Nationalkonvent.
1793	im Winter 1792/93 Wiederaufnahme der Vorlesungen; Schillers Schwerpunkt jetzt ästhetische Studien und Fragen; Essay *Anmut und Würde* erscheint; Geburt des Sohnes Karl; Gründung der literarischen Zeitschrift *Die Horen*.
1794	durch Vorbereitung der neuen Zeitschrift Verbindung zu bedeutenden Zeitgenossen (Fichte, von Humboldt); Annäherung an Goethe, der Mitarbeit für *Die Horen* zusagt; im Sommer Beginn der Freundschaft mit Goethe; im September verbringt Schiller zwei Wochen bei Goethe in Weimar.
1795	mehrere Ausgaben der Zeitschrift *Die Horen* erscheinen, die u. a. die neuen Briefe *Über die ästhetische Erziehung des Menschen* sowie den Essay *Über naive und sentimentalische Dichtung* enthalten; Rückkehr Schillers zur Dichtung; Umsetzung der jahrelangen theoretischen Studien in die Praxis, mit dem Gedicht *Das Ideal und das Leben* beginnt neue Epoche in Schillers Schaffen; mittlerweile intensiver Kontakt und Briefwechsel zwischen Goethe und Schiller.
1796	in gemeinsamer Arbeit von Goethe und Schiller entstehen *Xenien*; erscheinen im von Schiller hrsg. *Musenalmanach*; Pläne zu *Wallenstein*.
1797	Geburt des zweiten Sohnes; Schiller dichtet zahlreiche Balladen, die im *Musenalmanach* veröffentlicht werden.
1798	Arbeit am *Wallenstein* wird fortgesetzt; im Oktober wird Vorspiel *Wallensteins Lager* im Weimarer Theater aufgeführt.
1799	im April Fertigstellung der *Wallenstein-Trilogie*; wird unter großem Beifall an drei Abenden in Weimar aufgeführt; Geburt einer Tochter und Umzug der Familie nach Weimar; *Das Lied von der Glocke*; Mitarbeit am Weimarer Theater.
1800	*Maria Stuart* vollendet; im Juni Uraufführung in Weimar.
1801	*Die Jungfrau von Orleans* abgeschlossen; im November Uraufführung in Leipzig.
1802	Herzog Karl August erhebt Schiller in den Adelsstand.
1803	Abschluss des Dramas *Die Braut von Messina*; Uraufführung im März im Hoftheater Weimar, großer Erfolg.
1804	*Wilhelm Tell* beendet; im März Uraufführung in Weimar, sehr erfolgreich; Berlin-Reise; festlicher Empfang Schillers, der kurzfristig an Wechsel denkt, dann aber doch nach Weimar zurückkehrt.
1805	Arbeit an dem Drama *Demetrius*, das Fragment bleibt; am 9. Mai stirbt Schiller in Weimar nach einem Fieberanfall und zweiwöchiger schwerer Krankheit.

ANMERKUNGEN

Die Ziffern vor den Anmerkungen bezeichnen die Seiten.

1 *Kabale und Liebe.* Dieser Titel ist eine Erfindung des Schauspielers
Iffland, Schiller hatte sein Werk bis dahin Louise Millerin genannt.
Doppeltitel waren damals beliebt. Bekanntes Beispiel: Klingers
„Sturm und Drang" (1776).
Kabale: Geheime Umtriebe und Ränke an Höfen, Hofintrige. Das
franz. Wort (cabale) aus dem hebr. Kaballah (Überlieferung), einer
Bezeichnung für die im Mittelalter ausgebildeten mystischen Ge-
heimlehren der Juden.
Favoritin (franz.). Die erklärte Geliebte eines Fürsten.
Stadtmusikant oder Kunstpfeifer. Pfeifer nannte man früher alle Mu-
siker, die ein Blasinstrument spielten. Die Stadtmusikanten sind die
seit dem 15. Jahrhundert zu einer besonderen Zunft zusammenge-
schlossenen Musiker einer Stadt, die bei allen offiziellen städtischen
Gelegenheiten musizieren mussten und sonst gegen Vergütung bei
Hochzeiten, Kindtaufen und Tänzen aufspielten.
Die Widmung auf Seite 2 der Originalausgabe an den Intendanten des
Mannheimer Theaters, den Freiherrn Wolfgang Heribert von Dal-
berg, haben wir fortgelassen.
3 *Musikus.* Nach Adelung – im Unterschied zu Musikant – „derjenige,
welcher die Musik mehr als eine Kunst ausübt".
Violoncell. Cello, kleine Kniegeige.
Jemandem ausbieten. Jemandem das Haus verbieten.
Coram nehmen. Coram (lat.): in Gegenwart von. Coram nehmen: sich
jemanden vornehmen, jemand zur Rede stellen.
Jemandem auftrumpfen. Gegen jem. einen Trumpf ausspielen, ener-
gisch gegen jem. auftreten.
Jemandem etwas stecken. Jem. offen und ungeschminkt die Wahrheit
sagen.
Wischer. Eigentlich die Bürste zum Reinigen des Kanonenrohrs. Fi-
gürlich: ein derber Verweis. Er bringt's mit einem Wischer hinaus: Er
kommt mit einem Verweis davon.
Profession (lat., franz.). Beruf.
Scholar (lat.). Schüler, Student.
Kommerz (franz.). Handel, Umgang, Verkehr.
Ein Musje von. Ein Herr von, ein adeliger Herr. Musje verstümmelt
aus franz. monsieur.
Wenn er, der Henker weiß was als? gelöst hat. „Als" hier wie auch spä-
ter in ähnlichen Zusammenhängen: alles. „Lösen" hier: einnehmen.
Sich abführen. Sich davon machen. Vergl. auch Fiesko I, 9: Mohr will
sich abführen.
Verschimpfiert. Mit Schimpf behaftet.
Verschmecken. Geschmack finden an, schmecken.
Windfuß. Schwäb. mundartl. für Windbeutel.
4 *Unterm Dach.* Im „Hirnkasten", wie Miller sich unten ausdrückt (I, 2
Seite 6).

Parterre (franz.). Wörtlich: zu (ebener) Erde. Unterhalb.

Rodney. George Brydges Rodney, britischer Admiral, bekannt durch seine Siege über die französische Flotte in den amerikanischen Gewässern in den Jahren 1780 und 1782.

Billetter. Franz. billet: Briefchen, Billett, Zettel.

Die der gnädige Herr als schreiben tut. „Als" hier wieder „alle", wie oben.

Pur (franz.). Rein.

Schöne Seele. Ausdruck aus der Literatur der Werther-Zeit. Vergl. auch „große Seele" (II, 3) S. 28.

Topp machen. Einverstanden sein, mitmachen. Französischer Spielerausdruck.

Der silberne Mond. Anspielung auf die empfindsame Mondscheindichtung Klopstocks und der Dichter des Göttinger Hainbundes. Beispiele: Klopstock „Die frühen Gräber", Hölty „Die Mainacht".

Witz. Hier: der Sinn, die Bedeutung. Du hast den Witz davon: Du hast's erfasst. Hier ironisch gemeint.

Höllische Pestilenzküche. Höllische Pestküche.

Bellatristen. Richtig: Belletristen (franz.). Hier: Verfasser von Unterhaltungsromanen. Belletristik noch heute die Bezeichnung für „schöne Literatur", besonders im Buchhandel.

Alfanzereien. Mhd. alavanz = Betrug (vom ital. all' avanzo = zum Vorteil). Hier: Truggebilde.

Spanische Mucken. Mucken oberd. für Mücken. Spanische Mucken oder Fliegen: Bezeichnung für ein Heilpflaster. So genannt wegen der Reizwirkung.

Verschlagen. Hier: ausschlagen, abweisen.

Präsenter (franz.): Geschenke. Mundartlich falsche Pluralbildung. Richtig: die Präsente. Einzahl: das Präsent.

5 *Sonanzboden.* Resonanzboden.

Kaffee und Tobakschnupfen. Schiller selber konsumierte damals Kaffee und Schnupftabak in großen Mengen.

Vertrackt. Verworren.

Schmecken. Hier: riechen. Noch heute in oberdeutschen Mundarten in dieser Bedeutung.

Disguschtüren. Schwäb. mundartlich für: disgutieren (franz. dégouter) = jem. den Geschmack verderben, verärgern.

Einsprechen. Einen kurzen Besuch machen.

Bläsier. Richtig: Plaisier (franz.) = Vergnügen.

Mamsell Luise. Mamsell (oder auch Jungfer): die damals übliche Anrede für ein Mädchen aus bürgerlichen Kreisen. Nur adelige Mädchen nannte man „Fräulein".

6 *Ich werd einmal eine fromme christliche Frau an ihr haben.* Fast dieselbe Wendung bei Lessing: „Emilia Galotti" (II, 7). „Ich werde eine fromme Frau an Ihnen haben."

Merken. Hier: verstehen.

Jabot (franz.). Eigentlich: der Kropf bei Vögeln. Übertragen: die Hemdkrause am Westenausschnitt.

Barrdu. Entstellt aus franz. partout: überall. Noch heute in oberdeutschen Mundarten im Sinne von „durchaus" gebräuchlich.

7 *Sich poussieren* (franz.). Sein Glück machen. (pousser = stoßen).
Herumholen. Verführen.
Bouteille (franz.). Flasche.
Schmecken. Hier: riechen, im Sinne von Geschmack finden, ausstehen.
Konsens (franz.). Einwilligung, Zustimmung.
Knasterbart. Brummbart. Knastern (oberd.): knurren, brummen.
Spitzig. Arglistig, undurchschaubar. „Spitzkopf" bezeichnet nach Adelung eine arglistige Person.
Das Courage. Nach altem Sprachgebrauch Courage hier sächlich.

8 *Der schwarze gelbe Tod.* Der gelbe Tod doch wohl der Gifttod durch Arsen (Rauschgelb). Vergl. Anm. unten zu Operment. Als schwarzen Tod bezeichnete man früher die Pest. Schwarzer Tod hier: der finstere Tod.
Obligation (franz.). Verpflichtung, Dankesverpflichtung, Dank.
Operment. Lat. auripigmentum: Schwefelarsenik, ein starkes Gift, mit dem Ferdinand im letzten Akt den Gifttrunk bereitet (V, 7). Volkstüml. Rauschgelb genannt. In England: King's yellow.
Ein konfiszierter widriger Kerl. Konfisziert: verdächtig, reif zum Einsperren (konfiszieren). Nach der Weimarer Ausgabe vielleicht Pennälerausdruck der Karlsschule. – In dem Personenverzeichnis zum „Fiesco" wird der Mohr von Tunis charakterisiert als „ein konfiszierter Mohrenkopf".
Für purem Gift. Gift damals häufig noch in der männlichen Form. Für purem Gift: aus purem Gift, aus reinem Ärger. Vergl.: sich giften, sich ärgern. Zu der Schilderung Wurms vergl. Franz Moors Selbstschilderung in den „Räubern" (I, 1) und Martin Millers Roman „Sigwart" (1775), wo die Bösen graue Augen, Sommersprossen, rote Haare und aufgeworfene Nasen haben.
Man wird dir's Maul sauber halten. Pfälzische Redensart: Du sollst nichts davon bekommen.
Keller. Ältere Nebenform für Kellner, die noch im 18. Jahrhundert vorkommt.
Räsonnieren (franz.). Urteilen, Kritik üben.
Matress. Mätresse (franz.): Die Geliebte eines Fürsten.

9 *Wenn wir ihn über dem Gemälde vernachlässigen …* In Lessings „Emilia Galotti" (I, 4) sagt der Prinz zu dem Maler Conti: „O Sie wissen es ja wohl, Conti, dass man den Künstler dann erst recht lobt, wenn man über seinem Werk sein Lob vergisst."
Die vornehmen Fräulein. Vergl. Anm. S. 5 (Mamsell Luise)
Ein schlechtes vergessenes Mädchen. Schlecht hier: schlicht. Aus der älteren Form „schlecht" (mhd. sleht = gering) hat sich erst später in Anlehnung an „slichten" (glätten) als Nebenform unser Wort „schlicht" entwickelt.
Wär es ein Veilchen. Vergl. Goethes „Veilchen-Lied" von 1771 („Ein Veilchen auf der Wiese stand"), das damals immer wieder vertont wurde (1789 von Mozart). Als Spinnlied kommt es vor in dem Famili-

enschauspiel „Der deutsche Hausvater" von Schillers Landsmann Otto von Gemmingen, das auf Schiller großen Eindruck gemacht hat.

Wallung. Empfindung. Aus der Sprache des Sturm und Drang.

Der Immermangelnde. Der (unbewusst) Ersehnte.

10 *Wenn die Schranken des Unterschieds einstürzen.* Ähnliche Gedanken in Klopstocks Oden „An Fanny" und „An Gott".

Er springt über die Planke. „Springen" oberd. für laufen. „Planke" verschieden gedeutet: als Stieg über die Abwasserrinne am Hauseingang – oder als Name für Straße (Planken: „der geläufige Name für die Hauptstraße in Mannheim").

11 *Siehst du ..., auf welchem Kaltsinn ich dir begegnen muss?* „Auf" hier im Sinne von bei, über. Vergl. die Stelle in den „Räubern" (IV, 12): Auf welcher Wallung muss ich ihnen begegnen?

Deine Entwürfe. Entwürfe hier: Pläne.

Adelbrief. Adelsurkunde.

Riss. Grundriss, Plan.

12 *Der Zauberdrach über unterirdischem Golde.* In den „Räubern" (III, 1) ist die Rede von „dem verzauberten Hund, der auf unterirdischen Goldkästen liegt". Motiv aus der Märchenliteratur.

Furie (lat.). Römische Rachegöttin.

Attachement (franz.). Neigung, Liebesverhältnis.

Bürgercanaille. Canaille (franz.): Pöbel, Gesindel, Pack. Wörtl. Bedeutung des urspr. italien. Wortes (canaglia): Hundevolk.

Flatterie (franz.). Schmeichelei.

13 *In seinen Beutel lügen.* Sich durch Lügen Vorteile verschaffen.

Aspekt (franz.) „Gute Aspekte" hier: gute Vorbedeutung (von Aspekt = Stand der Gestirne).

Skortationsstrafe. Scortum (lat.) = Dirne. Skortationsstrafe hier: „das einem verführten Mädchen zustehende Kranzgeld".

Pfiff. Die Pfiffigkeit.

Die Karolin. Heute: der Karolin. Goldmünze im Werte von 20 Mark mit dem Bildnis des Kurfürsten Karl Philipp von der Pfalz (reg. 1716 bis 1742). – Auch hierzu gibt es eine Parallele aus Lessings „Emilia Galotti" (I, 6): „Waren, die man aus der ersten Hand nicht haben kann, kauft man aus der zweiten: – und solche Waren nicht selten aus der zweiten wohlfeiler".

Mariage (franz.). Ehe, Heirat.

Anschlag. Anordnung, Befehl.

Dass ... Lady Milford ... zum Schein den Abschied erhalten und ... eine Verbindung eingehen soll. „Erich Schmidt erinnert in diesem Zusammenhang an die Scheinehe der ausgewiesenen Favoritin Herzog Eberhard Ludwigs". (Anm. der Weimarer Ausgabe).

14 *Das Vertrauen anreißen.* An sich reißen, gewinnen.

Ist Ihm das helle? Leuchtet Ihnen das ein?

Kugeln schleifen. Festungsgefangenen schmiedete man mit einer Kette schwere Eisenkugeln an den Fuß.

15 *Schröter.* Oberd. Name für den Hirschkäfer, denen Kinder zum Spielen einen Faden ans Bein binden.

Chapeaubas (franz.). Niedriger dreispitziger Hut, der unter dem Arm getragen wurde.

Frisiert à la Hérisson (franz.). Wörtlich: frisiert nach Igelart. Das Haar zu beiden Seiten hoch gekräuselt.

Bisamgeruch. Ein stark riechendes Parfum, gewonnen aus einer Drüsenabsonderung des Moschustieres, einer in Asien lebenden Hirschart. Bisam (hebr.) = Wohlgeruch.

Visitenbilletts (franz.). Einladungskarten.

Arrangement (franz.). Anordnung, Gruppierung.

Lever (franz.). Eigentlich: das Aufstehen. Dann auch Morgenempfang bei Königen und Fürsten während des Aufstehens.

Malheur (franz.). Unglück.

Fingieren (ital.). Vortäuschen.

In voller Karriere. Begriff aus der Reitersprache. Hier: so schnell es ging.

Antichamber. Franz. antichambre: Vorzimmer.

16 *Impromptu* (franz.) Einfall.

Merde d'Oye-Biber. Merde d'oye (franz.): Gänsedreck. Merde d'Oye-Biber: „Ein Rock aus gänsedreckfarbenem, langhaarigem Wollstoff, der dem Biberpelz gleicht."

Zeitung. Neuigkeit.

Die offene rasche Jugend. „Rasch" hier: kräftig, frisch, forsch.

Zirkel. Hier: Umgangskreis.

Denke auf nichts, als in meine Entwürfe zu spielen. Denken auf (oberd.): denken an. In meine Entwürfe spielen: als Partner auf mein Kartenspiel eingehen.

17 *Durch Hinwegräumung meines Vorgängers.* „Am Hofe Karl Eugens von Württemberg hatte 1762 Graf Montmartin seinen Nebenbuhler, den Geheimen Kriegsrat Oberst Reger, zu Fall und in Haft gebracht. Man sprach von Fälschungen eines gedungenen Schreibers."

Romanenkopf. Ein durch Romanlesen getrübter Kopf.

Skorpion. Giftige Spinne, Stachel.

Fähndrich. Alte Form für Fähnrich.

18 *Mein fünfzigjähriger Kopf.* Ferdinand ist „wenig über 20", Miller 60 und Luise 16 Jahre alt.

Sich exerzieren. Sich üben.

Privilegierte Buhlerin. Eine bevorzugte und öffentlich anerkannte Buhlerin.

Distinktion (franz.). Auszeichnung.

19 *Zum Mitgift.* Gift hier wieder mit dem männlichen Artikel. Vergl. Anm. zu S. 8.

Gräfin Friederike von Ostheim. „Die jugendliche Eleonore von Ostheim, eine Verwandte der Frau von Wolzogen, hatte aus bloßem Standesinteresse den weit älteren, abgedankten Kammerpräsidenten von Kalb heiraten müssen" – in Bauerbach bei Meiningen, wo Schiller an seinem Drama arbeitete.

20 *Gewisse Historien.* Gewisse Geschichten. Der Gebrauch des Wortes Historie ist heute eingeschränkt auf den Bereich der historischen Wissenschaften.

Ich verwerfe dich – ein teutscher Jüngling. „Die Antipathie gegen England war vor allem eine Folge der Parteinahme für die amerikanische Unabhängigkeitsbewegung."(Anmerkung der Weimarer Ausgabe). – Vergl. dagegen Ferdinands Worte in der 3. Szene des 2. Aktes, wo er von England als dem freiesten Volk unter dem Himmel spricht.

21 *Negligé.* Franz. négligé: Morgenrock, Morgenkleid. Von dem Adj. négligé = vernachlässigt.

Marstall. Fürstlicher Pferdestall.

Assemblée (franz.) Versammlung, Gesellschaft.

Die L'hombretische. L'hombre: ein ursprünglich spanisches Kartenspiel für drei Personen, das Schiller selber gern spielte.

Vor ihren Sofa. Nach älterem Sprachgebrauch Sofa hier noch männlich.

Demant. Ältere Nebenform zu Diamant.

Filet (franz.). Faden. Filetarbeit, feine Handarbeit der Netzstickerei.

Sackuhr. Taschenuhr.

22 *Auf dem Bettelstab begegnen.* Als Bettler und Bittsteller antreffen.

Talisman (griech., arab., franz.). Zaubermittel, besonders Schutzzaubermittel.

Jeden Gelust. Gelüst nach altem Sprachgebrauch hier noch ohne Umlaut und männlich.

Saft von zwei Indien. Wein aus Ost- und Westindien.

Ruft Paradiese aus Wildnissen. Zum Bau des Lustschlosses „Solitude" hatte Herzog Karl Eugen viele hundert Morgen Wald roden lassen. Über den prächtigen Park hatte Schillers Vater seit 1775 die Oberaufsicht. In einer Schrift über Landwirtschaft schreibt er über die Aufgabe des Fürsten: „Die Erde ist gleichsam ein Stoff, den die Vorsehung den Fürsten ausgeteilt und unter ihre Hände gegeben hat: Sie soll nicht nur auf die würdigste Art zum Nutzen der Menschheit gebraucht, sie soll auch verschönert werden. Dem niedern Landmann sind die Lusthäuser und Gärten der Fürsten verschlossen, so mögen die Fürsten ihn mit dem Anschaun und Genuss von tausend Baumalleen entschädigen und die Enkel werden die Herren dafür segnen."

Feuerwerk. Der Herzog von Württemberg hatte dafür eine besondere Vorliebe. In Schillers Fluchtnacht wurde die Solitude bengalisch beleuchtet – aus Anlass eines Hoffestes zu Ehren des russischen Großfürsten Paul. Die Gemahlin des Großfürsten, des späteren Haren Paul I., war eine Nichte des Herzogs von Württemberg. Die russischen Gäste erschienen in Stuttgart mit einem hundert Mann starken Gefolge. Zu den Festen erschienen insgesamt über vierhundert Gäste. Es gab Prunkopern, Ballette und Hofbälle und eine „Illumination" des Schlosses mit über 90 000 Lampen.

Exequieren. Zwangsweise vollziehen lassen, pfänden, zum Pfand geben.

Was helfen mich. Helfen im 18. Jahrhundert noch häufig mit dem Akkusativ.

23 *Belogene Lügner.* Vergl. Lessings „Nathan" (III, 7): „Betrogene Betrüger".

Heller. Alte Kupfermünze im Werte von ¹/₂ Pfennig. Der Name von der Prägestätte Schwäbisch-Hall: Haller, später Häller Pfennig.

24 *Siebentausend Landskinder nach Amerika.* Um die Fehlbeträge der Hofhaltung zu decken, verkauften deutsche Fürsten während des nordamerikanischen Krieges Soldaten an England, insgesamt etwa 30 000 Mann. „Herzog Karl von Württemberg war in diesem Falle nicht beteiligt, hatte aber im Siebenjährigen Krieg ähnliche Verträge mit Frankreich geschlossen."

Unser gnädigster Landesherr ließ ... die Maulaffen niederschießen. Beim Ausmarsch eines württembergischen Hilfskorps sollen sich nach einem Bericht von Schillers Vater ähnliche Szenen abgespielt haben.

Joch. Hier: Gespann.

Lärmen. Alarm (ital. alaarme, franz. alarme). Hier vielleicht auch volkstümlich für den Lärm der Trommelwirbel.

25 *Legt's zu dem Übrigen.* Vergl. Maria Stuart I, 1.

Ging nicht jüngst ein Gerücht ...? Ähnliche Taten der Fürsorge begründeten den Ruf der Reichsgräfin Franziska von Hohenheim. Als Geliebte des Herzogs hatte sie einen starken erzieherischen Einfluss auf den Fürsten. Durch ihr Verständnis für die Nöte des Volkes war sie überall im Lande beliebt und galt so viel wie die eheliche Frau. An den Feiern zu ihren Geburtstagen war auch die Akademie beteiligt; auch der junge Schiller verfasste aus diesem Anlass Huldigungsgedichte an die Reichsgräfin. Vergl. auch Anm. zu S. 29. (Dein Vaterland ...).

Dienen jetzt ihren Gläubigern als Sklaven ... in den Schachten. Bei der Zwangsarbeit in den Schächten der Silberbergwerke.

Landschaft. „Die Landstände, die im Landtag zusammentreten". Hier das Haus der Landesverwaltung.

Geschirr. Verschieden gedeutet, als Pferdegeschirr oder als Tränenkrug.

27 *Dreier.* Dreipfennigstück.

Hermelin. Weißer Wieselpelz, der als kostbarer Mantel oder Umhang von Fürsten und Herrschern bei festlichen Anlässen getragen wurde.

Die frei geborene Tochter des freiesten Volkes. Vergl. S. 20 (Ich verwerfe dich.).

28 *Große Seele.* Vergl. Anm. zu S. 4 (Schöne Seele).

Thomas Norfolk. Thomas Howard, der 4. Herzog von Norfolk (1536–72), war nach missglückten Versuchen zur Befreiung Maria Stuarts hingerichtet worden. Schiller hatte sich schon in Bauerbach während der Arbeit an „Kabale und Liebe" mit Studien für ein Maria Stuart-Drama beschäftigt.

Durch einen Spruch der Parlamente. Wahrscheinlich meint Schiller hier die höheren Gerichtshöfe, die damals in Frankreich (!) als Parlamente bezeichnet wurden.

Konkubine. Buhlerin, Geliebte.

29 *Jetzt führte mein Schicksal ihren Herzog nach Hamburg.* Karl Eugen war 1781 tatsächlich in Hamburg gewesen und hatte auch englische Mätressen.

29 *Ferdinand sehr bewegt ...* Die jetzt folgende Stelle bis Seite 30 (umfasse) fehlt in dem erhaltenen Bruchstück der ersten Fassung, in der Lady Milford noch nicht so menschlich geschildert war.
Serail. Sultanspalast, besonders der fürstliche Harem, das Frauenhaus.
Dein Vaterland fühlte zum ersten Mal eine Menschenhand. Vergl. Anm. zu S. 25 (Ging nicht jüngst ein Gerücht?). „Je länger (die Reichsgräfin) um den Herzog war, umso besser wurden die Zustände und Verhältnisse, die in früheren Jahren, als etwa italienische Sängerinnen das Konkubinat besetzt hielten, zu einer völligen Entfremdung zwischen Fürst und Volk geführt hatten."
30 *Der Mann, den ich mit brennender Sehnsucht im Traum schon umfasse.* Vergl. dazu Horaz, Oden IV, 1, 37: Oft im nächtlichen Traumgesicht / Halt ich schon dich umarmt ... (Nocturnis ego somniis iam captum teneo).
Das ist wider die Abrede, Lady. Vergl. Lessing, Emilia Galotti IV, 7.
31 *Konvenienz* (franz.). Das Angemessene, das Schickliche, die Wohlanständigkeit.
Die Mode oder die Menschheit. Mode, hier: die geltende Moral. Vergl. Schillers „Lied an die Freude" (Deine Zauber binden wieder / Was die Mode streng geteilt.) Zu dieser Gegenüberstellung hat man auch auf Rousseau hingewiesen.
Gezwungen gab? und also doch gab? Die fragende Wiederholung eine Eigentümlichkeit von Lessings Dramenstil (Emilia Galotti IV, 7. ODOARDO. Schlimmer? schlimmer als tot? – Aber doch zugleich auch tot? –).
32 *Sprengen.* Springen, wie zu Anfang der nächsten Szene: ansprengen für anspringen.
Dich soll das Wetter schlagen. Dich soll der Blitz treffen.
Blaues Donnermaul. Blau wohl nur als Verstärkung. Die Weimarer Ausgabe zitiert hier das schwäbische Wörterbuch von Fischer: „viell. indiv.".
Diabolisch. Verteufelt.
Blank. Klar (bestätigt), schwarz auf weiß.
Rekommendieren (franz.). Empfehlen.
Schwefelregen von Sodom. Vergl. 1. Moses, 19.
Diskant (ital.) Sopran. Aus dem lat. discantus, das ursprünglich eine höhere Gegenstimme bezeichnet.
Konterbass. Kontrabass, große Bassgeige.
33 *Makeln.* Vermitteln. Vergl. Makler.
Holz zutragen. Um das Feuer anzufachen.
34 *Sie ist von sich.* Außer sich.
36 *Sie droht eine Ohnmacht.* Drohen hier noch mit dem Akkusativ.
Anstreichen. Ohnmächtige durch erfrischende Mittel beleben. Die Weimarer Ausgabe zitiert eine Stelle aus Goethes Wilhelm Meister (Buch 6): „Ich fuhr fort, ihn mit Wein anzustreichen."
37 *Mähre.* Hier für Dirne.
Adagio (ital.). Musiksatz mit langsamem Tempo.
Devotestes Kompliment (franz.). Ergebenste Empfehlung.

Promemoria (lat.). Denkschrift, Bittschrift.
Metze. Dirne.
38 *Leibschneider.* Vergl. Leibgarde, Leibarzt usw.
Das eiserne Halsband. an den Pranger.
39 *Pasquill* (ital.). Schmähschrift. Pasquino nannten die Römer nach einem in ihrer Nähe wohnenden witzigen Schuhmacher eine stark verstümmelte Bildsäule, an die man Schmähschriften heftete.
Spektakel (franz.). Schauspiel.
Portepee. Franz. wörtlich: das Degengehenk. Der Offiziersdegen, der früher in einem Gehenk (untergeschnallt) getragen wurde; dann auch die dazugehörige Degenquaste des Offiziers.
Wenn deine Klinge auch spitzig ist. D. h. so spitzig wie deine Zunge.
40 *Ledig lassen.* Freilassen.
41 *Eintreiben.* Einschüchtern.
Akademie. Hier: Universität.
Ambition (franz.). Ehrgeiz, Streben.
42 *Eine Partie Piquet.* Franz. Kartenspiel für zwei Personen.
Gran (lat.). Kleinstes Gewicht. Lat. granum: Korn, Körnchen.
43 *Billetdoux* (franz.). Liebesbrief.
Ich kenne das gute Herz auf und nieder. Auf und nieder: ungefähr. Geläufiger in Schwaben dafür: auf und ab.
Halsprozess. Prozess auf Leben und Tod.
Kobold. Neckgeist. Mhd. kobolt = Hausgeist.
Körperlicher Eid. „Feierliche Eidesleistung, entweder, indem man dabei die Heilige Schrift berührt (lat. corporaliter tactis scripturis), oder, indem man gelobt, dass der Körper beim Bruch des Eides der Justiz verfallen soll." (Anm. der Weimarer Ausgabe.)
Schächer. Räuber, Mörder.
44 *Reputation* (lat., franz.). Der (gute) Ruf, das Ansehen.
Eau de mille fleurs. Tausendblüten-Wasser, ein damals beliebtes Parfum.
Delikatesse (franz.). Hier: das Zartgefühl, die Empfindsamkeit.
Skrupulös (franz.). Gewissenhaft, bedenklich.
Aufstand. Aufsehen, Auflauf.
45 *En passant* (franz.). Im Vorbeigehen.
Opera Dido. Eine prunkvolle Oper mit dem Schaustück des brennenden Karthago, in dem die von Aeneas verlassene Dido ihren Palast in Brand steckte. Der Text von Metastasio wurde komponiert von Piccini (Glucks Widersacher in Paris!). Auch in Stuttgart wurde diese Oper verschiedene Male gespielt.
Superb (franz.). Prächtig.
Poussieren (franz.). Emportragen.
Fixieren (franz.). Festigen, sichern.
Fortune (franz.). Glück.
Mon Dieu (franz.). Mein Gott.
46 *Der erste Englische.* Ein englischer Tanz ländlichen Stils, der zu Anfang des 18. Jahrhunderts nach Frankreich kam, wo er die Tradition der französischen Tänze (das Menuett und die Gavotte) durchbrach.
Domino. Hier: Ein Maskenkostüm. Urspr. der (ital., span.) Name für

einen Wintermantel der Geistlichen. Aus lat. dominus = Herr.

Redoutensaal. Ballsaal.

Impertinent (franz.). Unverschämt.

Malice (franz.). Bosheit.

Bravissimo (ital.). Steigerung von Bravo: sehr gut, ausgezeichnet.

47 *Es war nicht so verstanden.* So gemeint.

Bonmot (franz.). Witzige Bemerkung.

48 *Rendezvous* (franz.). Stelldichein.

Mort de ma vie (franz.). Bei meinem Leben! Tod und Teufel! – Ein Soldatenfluch, der hier bei Kalb komisch wirkt.

Waschen. D. h. hier: Den Kopf waschen, abfertigen.

Amouren (franz.). Liebschaften.

Importance (franz.). Bedeutung, Wichtigkeit.

49 *Die Nacht zieht in begeisternden Schauern auf.* Diese Stelle angeregt durch Youngs „Nachtgedanken", die 1752 in deutscher Übersetzung erschienen waren.

50 *Ich erhebe Summen auf meinen Vater.* Ich leihe Geld auf den Namen meines Vaters.

Dieb auf dem Rad. Verbrecher wurden früher nach dem Rädern (der Hinrichtung durch das Rad) auf ein Rad geflochten, das auf einen Pfahl gesteckt wurde.

Je und je. Zuweilen.

52 *Wenn Sie es ja wissen wollen.* Wenn Sie es nun einmal wissen wollen.

53 *Spinnhaus.* „Eine Art Arbeitshaus, wo liederliche Weibsbilder zum Spinnen angehalten werden, und welches gemeiniglich auch mit einem Zuchthaus verbunden ist." (Adelung).

Völlig. Hier: vollkommen, zu Ende.

Vorsicht. Vorsehung.

Eulengesang. Das Rufen der Eule gilt im Volksglauben als unheilvoll, die Eule als Totenvogel.

54 *Weil er es nicht wird umsonst tun dürfen.* Dürfen hier: brauchen, nötig haben.

Supplikantin (lat., franz.). Bittstellerin.

Taxe (lat., franz.). Preis.

55 *Cherubim.* Mehrzahl von Cherub (hebr.). Einer der Thronträger Jehovas und Wächter vor dem Paradies nach der Austreibung von Adam und Eva.

56 *Argus* (griech. Argos). Gestalt aus der griechischen Sage, ein Riese mit vielen Augen, der von der Göttin Hera als Wächter bestellt wurde.

Wir haben gestern den Präsidenten im Hause gehabt. Danach lässt sich die Zeit der Handlung auf drei Tage bestimmen. Die ersten beiden Akte spielen am ersten Tag, der dritte am zweiten und die Akte 4 und 5 am dritten Tag. Nach anderen Deutungen soll die Handlung sich nur auf zwei Tage verteilen; damit wäre aber das „gestern" des Briefes kaum zu vereinen.

57 *Das Sakrament darauf nehmen.* Vergl. Anm. zu S. 43 (Körperlicher Eid.).

58 *Pharotisch.* Pharao: ein Glücksspiel mit Karten, von denen eine einen ägyptischen Pharao darstellt.

60 *Über dem Schnupftuch.* Eine Form des Pistolenduells, bei der die
   Gegner mit ausgestreckten Armen den Zipfel eines Schnupftuches
   fassen und aus dieser sehr nahen Entfernung aufeinander anlegen.
   Bitten für etwas. Hier: sich etwas verbitten.
   Der Notnagel sein, wo die Menschen sich rar machen. Etwas tun, zu
   dem kein anständiger Mensch sich hergibt.

61 *Als wenn ihn ein Tübinger Buchhändler nachgedruckt hätte.* Gegen
   den von gewissenlosen Buchhändlern betriebenen Nachdruck von
   erfolgreichen Werken der Literatur, auf schlechtem Papier und zu-
   meist liederlich ausgeführt, gab es damals keine gesetzliche Handha-
   be. Schiller meinte hier die berüchtigten Tübinger Buchhändler
   Schramm und Frank.
   Unze (lat.). Kleines Gewicht (unica = ein Zwölftel).
   Ich will ihn gelten lassen. Schwäbische Redensart: Ich will ihm we-
   nigstens teilweise Beachtung schenken.
   Toleranz (franz.). Duldsamkeit.
   Trebern. Rückstände beim Weinkeltern.
   Hochgericht. Hinrichtungsplatz, auch Galgenberg oder Rabenstein
   genannt.
   Die große Polizei der Vorsicht. Polizei bezeichnete früher die gesam-
   te Staatseinrichtung. Hier also: der Staat der Vorsehung.
   Tarantel (ital.). Giftige Spinne.
   Bicêtre. Ein von Ludwig XIII. errichtetes Invalidenheim, das dann
   Armen-Krankenhaus und Irrenanstalt wurde.

62 *Grass.* Schrecklich, grässlich.
   Eine Ewigkeit mit ihr auf ein Rad der Verdammnis geflochten. Die
   Weimarer Ausgabe verweist auf eine Stelle bei Dante (Inferno V), wo
   Francesca da Rimini durch ein Schwert, das beide durchbohrt, an
   ihren Buhlen geheftet ist.

64 *Heiduck.* Bedienter in ungarischer Tracht.

65 *Fremd und zurückgezogen.* Fremd und reserviert, auf Abstand be-
   dacht.
   Patronin (lat.). Gönnerin und Herrin.

66 *Klientin* (lat.). Schutzbefohlene.
   Offene Bildung. Die offene Bildung des Gesichtes, das offene, unbe-
   fangene Gesicht. Vergl. „die offene Jugend" (S. 16).
   Meine Kostbare. Wohl nach dem franz. précieux: preziös, kostbar.
   Die Gesellschaft der „Preziösen" mit ihrem übertrieben gezierten
   und affektierten Benehmen hat Molière in seinen „Précieuses ridicu-
   les" verspottet.
   Nicht im Feuer vergoldet. Die Vergoldung bei feuervergoldeten
   Bronzen (Figuren oder Beschlägen) war besonders stark und haltbar.
   Die Blattern. Eine früher häufiger auftretende Hautkrankheit, die im
   Gesicht hässliche Narben hinterlässt.

67 *Die Promessen* (franz.). Versprechungen, Verheißungen.
   Manieren und Welt. Manieren und Welt lernen, d. h. wie man sich in
   der Welt benimmt.
   Maxime. Lat. propositio maxima = höchster Vorsatz. Grundsatz,
   vor allem der persönliche Grundsatz, die Lebensregel.

68 *Wenn selbst die Gottheit…* Diese Stelle aus Klopstocks Messias (I, 5, 325f.).
Seraph. Englisches Wesen mit sechs Flügeln. Scharen von Seraphim umgeben den Thron Jehovas.
Folie. Dünne Auflage von Gold. Goldhintergrund bei alten Altarbildern.
O lieber! so gönnen Sie mir doch… O so gönnen Sie mir doch lieber.
Das Insekt in einem Tropfen Wassers. Schon Karl Phil. Moritz hat diese Stelle damals kritisiert wegen der Verwechslung von Insekt und „Infusionstierchen" – in der „Berlinischen Staats- und gelehrten Zeitung". Diese Besprechung von Schillers Drama war übrigens eine der abfälligsten, und man weiß, dass Moritz auch später bei seiner Meinung geblieben ist.
Mit Überraschung sie fragend. Sie mit der Frage überraschend.
Kondition (lat., franz.). Hier: Dienstverhältnis, Stellung.

69 *Eine Furie will ich mitten durch euren Himmel gehn …* Die Weimarer Ausgabe zitiert hierzu „Julius von Tarent" von Leisewitz (III, 4): „Mitten in euren Umarmungen soll plötzlich mein Bild in eurer Seele aufsteigen, die Küsse werden auf euren Lippen zittern, wie Tauben, über denen ein Adler hängt."

71 *Verweisung.* Verbannung.
Die fürstliche Drahtpuppe. Marionette.
Hofschranzen. Schranze = Höfling. Aus mhd. schranz: Riss, Lücke, geschlitztes Kleid.

72 *Serenissimus* (lat.). Der Allergnädigste, Durchlaucht, Hoheit, Bezeichnung für regierende Fürsten.
Distrait (franz.). Zerstreut.
Vauxhall. Name eines Dorfes bei London. In den Vauxhall-Gardens veranstaltete die Londoner Gesellschaft abends bei Beleuchtung ihre ländlichen Gartenfeste, fast zwei Jahrhunderte lang: von 1660 bis 1835. Danach nannte man auch auf dem Festland ähnliche Ballveranstaltungen Vauxhall, in Mannheim noch in den ersten Jahren des 19. Jahrhunderts.
Desserts (franz.). Nachtisch.
Garderobe. Hier: Dienerschaft.
Echauffiert (franz.). Erhitzt, erregt.
Vakant (lat., franz.). Frei, erledigt.

73 *Erwürgen.* Hier: ersticken, sterben.
Ciel (franz.). Himmel.
Disgrace (franz.). Ungnade.
Loretto. Loreto, berühmter italienischer Wallfahrtsort bei Ancona mit dem „Heiligen Haus", dem von Engeln dorthin getragenen Wohnhaus Marias. Zur Buße für schwere Sünden pilgerte man barfuß nach Loreto.

74 *Abends zwischen Licht.* In der Dämmerstunde, im Zwielicht.
Du tust recht, armer alter Mann. Die Weimarer Ausgabe verweist hier auf einen Einschub im Mannheimer Soufflierbuch, in dem Miller über seinen Aufenthalt und die Erkrankung der Mutter berichtet, wodurch vieles besser motiviert wird.

Nur der Gewissenswurm schwärmt mit der Eule. Vergl. Anm. zu S. 53.

75 *Die Buchstaben ... leben nur Augen der Liebe.* Sind nur für Augen der Liebe lebendig.

Karmeliterturm. Turm der Karmeliterkirche. Der nach dem Karmelgebirge in Palästina genannte Orden der Karmeliten ist einer der großen Bettelorden. Er wurde in Erinnerung an den Propheten Elias, der am Karmel gelebt hatte, dort gegründet. Die Ausbreitung in Europa erfolgte erst nach der Verfolgung durch die Sarazenen im 13. Jahrhundert

Der Ort ist zum Finden gemalt. Mit einem Mal versehen, markiert.

Den Tod ein Gerippe schelten ... der Tod ein stiller dienstbarer Genius. Vergl. Lessings Abhandlung „Wie die Alten den Tod gebildet" von 1769. Vergl. auch Schillers Gedicht „Die Götter Griechenlands" (1788).

77 *Wucher.* Hier: Ertrag, Zins.

78 *Wie ich schlechter Mann.* Schlecht hier wieder in der Bedeutung: schlicht. Vergl. Anm. zu S. 9.

Kind! ... das ich nicht wert war ... Wert sein: hier noch mit Akkusativ. Die Weimarer Ausgabe hat hier das Bindewort „dass" der ersten Ausgabe beibehalten. Die späteren Ausgaben und die meisten neueren ersetzen das Bindewort durch das Pronomen im Akkusativ. Dadurch wird diese Stelle leichter verständlich. Auch mit dem Bindewort ergibt der Satz einen Sinn – wie die Weimarer Ausgabe dartut. Eine verwandte Stelle in den „Räubern" (das ich mein Lebtag nicht wert war) spricht aber für die Konjektur, der auch wir gefolgt sind.

Wir betteln mit der Ballade von Tür zu Tür. „Das Motiv des Bänkelsängertums nach überstandenem Jammer" in der Geniedichtung bei Leisewitz und Klinger schon vor Schiller.

79 *Dein Gesicht schimpft deine Ware.* Dein Gesicht erweist deine Worte als unwahr, straft deine Worte Lügen.

80 *Die Vorsehung ist dabei, wenn Sperlinge fallen.* Vergl. dazu NT, Matth. 10, 29 und Luk. 12, 6.

82 *Lektion* (lat., franz.). Unterricht.

Akkordieren (franz.). Verabreden, vereinbaren, ausmachen.

83 *Hab ich auch Brust für das.* Brust hier in alter Bedeutung für Herz. Vergl. auch lat. pectus.

Die letzte unüberschwängliche Hoffnung. Unüberschwinglich!

84 *Man wagte wirklich.* Es wäre wirklich ein Wagnis.

Ich hab sie von Gott. Die Weimarer Ausgabe verweist hierzu auf die Hiobstelle: Der Herr hat es gegeben ...

85 *Alten oder Neuen.* Alten Wein oder neuen.

Wie ... lohn ich ihn? Wie lohne, (oder vergelte) ich ihm?

Gaudium (lat.). Freude, Vergnügen.

Stempel. Hier: die so geprägten Münzen.

Auf dem Markt. Auf dem vornehmsten Platz der Stadt.

Numero fünfe Dreikönig. Eine feine Tabaksorte, genannt nach dem Warenzeichen auf den Paketen.

Dreibatzenplatz. Der billigste Sitzplatz im Theater auf der Galerie. Batzen: ursprünglich Schweizer, später auch süddeutsche Münze mit dem Bären des Berner Wappens im Werte von 16 Pfennigen.

86 *Wildes Huhn.* Rebhuhn, damals noch häufig und daher auch für einen einfachen Bürger kein besonderes Essen.

Aus dem Fundament. Von Grund auf.

Menuett. Höfischer Tanz des 18. Jahrhunderts.

Kidebarri. Verstümmelt aus Cul de Paris, ein Kissen, das die Frauen damals trugen, um den Rock hinten zu heben.

Garderobe. Hier: Dienerzimmer oder Vorzimmer.

Legitimation (franz.). Ausweis.

87 *Akkompagnieren* (franz.). Bei einer musikalischen Aufführung begleiten.

Fortepiano. Pianoforte oder Klavier.

So mach ich einen Gang. Nach dem französischen „faore un passage": ein Musikstück spielen.

Pantalon. Vorläufer des modernen Hammerklaviers, genannt nach seinem Erfinder. „Ein musikalisches Instrument in Gestalt eines großen Klaviers, wo die Saiten durch Hämmer geschlagen werden. Es hat seinen Namen von Pantaleon Hebenstreit, welcher es um das Jahr 1718 in Sachsen erfand und die Veranlassung dazu von dem Hackebrett nahm." (Adelung).

Revanche (franz.). Zeichnung, Muster.

88 *Duett.* Eine Veranstaltung zu zweien.

Galanterien. Hier: Liebeshändel.

89 *Der einzige Fleck der Vergebung.* Fleck = Stelle.

90 *Himmlische Schäferstunde.* Merkwürdig, wie Schiller hier mit dem Schöpfergott die Vorstellung der antiken Götter und ihres Daseins verbindet.

Warum hast du mir das getan? Vergl. Luk. 2, 48.

91 *Wenn du mit dieser Lüge von hinnen müsstest.* Vergl. Lessing, Emilia Galotti (V, 8): „Gehe mit keiner Unwahrheit aus der Welt"

Sorge für deine unsterbliche Seele. Die Weimarer Ausgabe verweist zu dieser Stelle auf die Sterbeszene der Desdemona in Shakespeare „Othello".

Die zärtliche Nerve hält Freveln fest. Hält Freveln stand.

92 *Noch spür ich den Gift nicht.* Die männliche Form bei Gift früher häufig. Vergl. Anm. z. S. 8!

FERDINAND kehrt schnell um ... Zu den folgenden Worten Ferdinands vergl. Romeos Monolog bei Shakespeare (V, 3).

93 *Finte* (ital.). Eigentlich der Scheinstoß beim Fechten zur Täuschung des Gegners. Hier: die Erfindung, die List.

94 *War ich dein Gebieter?* Im Mannheimer Soufflierbuch korrigiert in: War ich sein Gebieter?, was besser zu der vorherigen Frage (War es mein Sohn?) passen würde.

96 *Schillers Jugenddramen.* Ihr revolutionärer Schwung fand von vielen Seiten starke Zustimmung. Mit der Begründung, dass er durch seine Schriften die Befreiung der Völker vorbereitet habe, verlieh die Französische Nationalversammlung am 26. August 1792 Schiller den Titel eines citoyen français – ein Diplom, das den Dichter erst am 1. März 1795 erreichte, „aus dem Reiche der Toten", als die Männer, die es unterschrieben hatten, längst hingerichtet waren. – Schillers Fürsprecher in Frankreich war der Tübinger Stiftler Karl Friedrich Reinhard, der den Dichter auch brieflich über die Ereignisse informierte und von ihm ein Bekenntnis zur Sache der Revolution verlangte. Aber ihr Verlauf fand von Anfang an Schillers Kritik, der sich Ende 1792, wenige Wochen vor der Hinrichtung Ludwigs XVI. durch eine Denkschrift zu seinem Anwalt machen wollte! – Schillers Antwort auf die Französische Revolution wurden seine „Briefe über die Ästhetische Erziehung des Menschen". Danach verlangt eine Erziehung zu einer künftigen Gesellschaft den „paradoxen Umweg über die Kunst"!

Die herzogliche Militärakademie. Sie wurde gegründet als landesfürstliche Erziehungsanstalt, die den Schülern eine von oben gelenkte Berufsausbildung vermitteln sollte. Als Schüler wurden neben Adeligen auch die Söhne von Offizieren und Honoratioren aufgenommen. 1775 erfolgte mit der Rückkehr des Herzogs von Ludwigsburg nach Stuttgart auch die Umsiedlung der Akademie von der Solitude bei Ludwigsburg in eine großzügig umgebaute Kaserne neben dem Stuttgarter Schloss. „Die Akademie erreichte damals mit der medizinischen Fakultät, der Handels- und Forstwissenschaften und dem Unterricht in den wichtigsten lebenden europäischen Sprachen … ihren Höhepunkt. Schiller benutzt diese Gelegenheit, um von der Jurisprudenz zur Medizin hinüberzuwechseln."

Bauerbach bei Meiningen. Schiller erreichte es damals von Frankfurt aus in 45 Minuten! Über seine Ankunft berichtet er „mit aufgeheitertem Gemüt … wie ein Schiffbrüchiger, der sich mühsam aus den Wellen gekämpft hat". (Brief an Schwan vom 8. 12. 1782). – Von dem Bibliothekar W. F. H. Reinwald, der später sein Schwager wurde, ließ Schiller sich damals aus Meiningen Lessings „Kritische Schriften" und von Shakespeare „Othello" und „Romeo und Julia" in der Übersetzung von Wieland schicken.

Das Mannheimer Theater. Nach Hamburg und Wien der letzte Versuch der Begründung eines ständigen „Nationaltheaters" im 18. Jahrhundert. Unter seinem Intendanten Heribert von Dalberg, mit den Schauspielern Iffland, Beck und Biel und mit Schiller als Theaterdichter hatte es damals seine große Zeit. – Iffland, im gleichen Alter wie Schiller, spielte bei der Erstaufführung der „Räuber" (am 13. Januar 1782) den Franz Moor und erwarb sich mit dieser Rolle den ersten Ruhm. Um die Jahrhundertwende war er Deutschlands größter Charakterdarsteller. Als Autor von Bühnenstücken ist er heute vergessen.

Der Verleger Schwan. Er betrieb in Mannheim eine Hofbuchhandlung und einen Verlag. Schiller war ihm zuerst begegnet auf der Suche nach einem Verleger für die „Räuber". Nach der Einsicht in die
Druckproben hatte Schwan sich bei dem Freiherrn von Dalberg für
eine Aufführung des Dramas eingesetzt, 1782 ist in der „Schwan'-
schen Hofbuchhandlung" die Bühnenauffassung der „Räuber" erschienen.

Stimmen der Kritik. Schillers schärfster Gegner wurde Carl Philipp
Moritz, der damals in Berlin lebte, als Rektor des Grauen Klosters.
Am 21. Juli 1784 schrieb er in der „Berlinischen Staats- und gelehrten
Zeitung": „In Wahrheit wieder einmal ein Produkt, was unseren Zei-
ten Schande macht! Mit welcher Stirn kann ein Mensch doch solchen
Unsinn schreiben und drucken lassen, und wie muss es in dessen Kopf
und Herz aussehen, der solche Geburten seines Geistes mit Wohlge-
fallen betrachten kann! – Doch wir wollen nicht deklamieren. Wer
167 Seiten voll ekelhafter Wiederholungen gotteslästerlicher Aus-
drücke, wo ein Geck um ein dummes affektiertes Mädchen mit der
Vorsicht rechtet, und voll krassen, pöbelhaften Witzes, oder unver-
ständlicher Galimathias, durchlesen kann und mag – der prüfe sich
selbst. So schreiben heißt Geschmack und gesunde Kritik mit Füßen
treten; und darin hat der Verfasser diesmal sich selbst übertroffen.
Aus einigen Szenen hätte was werden können, aber alles, was dieser
Verfasser angreift, wird unter seinen Händen zu Schaum und Blase."
Als dann das Bürgerliche Drama sich auf den deutschen Bühnen als
Rührstück breit gemacht hatte, glossiert Schiller in der Xenienreihe
„Shakespeares Schatten" auch seine „Kabale und Liebe":
　„Was? Es dürfte kein Cäsar auf euren Bühnen sich zeigen,
　　Kein Achill, kein Orest, keine Andromacha mehr?"
Nichts! Man sieht bei uns nur Pfarrer, Kommerzienräte,
　　Fähndriche, Sekretärs, oder Husarenmajors.
　„Aber ich bitte dich, Freund, was kann denn dieser Misere
　　Großes begegnen, was kann Großes denn durch sie geschehn?"
Was? Sie machen Kabale, sie leihen auf Pfänder, sie stecken
　　Silberne Löffel ein, wagen den Pranger und mehr.
Thomas Mann dagegen konnte später schreiben:
„Schiller nicht mehr lebendig? Ich habe es um 1920 erlebt, daß ein
äußerst antirevolutionär gestimmtes deutsches Publikum durch eine
nicht einmal unbedingt vorzügliche Aufführung von ‚Kabale und
Liebe' vor Begeisterung außer Rand und Band gebracht, in einen
empörerischen Enthusiasmus versetzt wurde, daß man seinen Augen
nicht mehr traute". („Forderung des Tages" 1930.)
Interessant die geringe Zahl der Aufführungen der frühen Dramen
Schillers in Mannheim im Vergleich zu den Bühnenstücken von Iffland und Kotzebue: Von 1781 bis 1788 wurden in Mannheim Schillers „Räuber" 15-mal aufgeführt, „Kabale und Liebe" siebenmal,
und „Fiesko" und „Don Carlos" je dreimal. In derselben Zeit spielte
man 37 Stücke von Iffland an 476 Abenden. – Nach 1788 wurde Kotzebue der erfolgreiche Theaterdichter, im Verlauf von 20 Jahren erlebten 115 Stücke von ihm 1728 Aufführungen!

97 *Gottsched.* Der Ostpreuße Johann Christoph Gottsched wurde als
    Professor der Logik und Methaphysik in Leipzig der einflussreichste
    Vertreter der Wolffschen Aufklärungsphilosophie, deren Ergebnis-
    se er in den beiden Bänden seiner „Weltweißheit" von 1733/34 zu-
    sammenfasste. 1730 veröffentlichte er seinen „Versuch einer Criti-
    schen Dichtkunst vor die Deutschen", und in demselben Jahr schuf
    er mit dem „Sterbenden Cato" die erste regelmäßige deutsche Ori-
    ginaltragödie für ein gebildetes Publikum.
    Seit 1740 führte Gottsched seinen „Deutschen Dichterkrieg" gegen
    die Schweizer Bodmer und Breitinger und gegen die Mitarbeiter der
    „Bremer Beiträge", zu denen auch Gellert gehörte. Seinen schärfsten
    Gegner fand Gottsched in Lessing, der sich 1759 in dem 17. Litera-
    turbrief kritisch mit seiner Kunstlehre auseinander setzte.
    Oskar Walzel. Im Gefolge des bürgerlichen Dramas hat von seinem
    ersten Auftreten an die literarische Kritik diese Erscheinung disku-
    tiert, und der Widerstreit der Meinungen über seine Werte und Un-
    werte beherrscht noch die Darstellungen seiner Geschichte, die um
    1900 mit dem Abklingen des Naturalismus entstehen. Die Ergebnis-
    se dieser Arbeiten hat Oskar Walzel 1914 in einem breit angelegten
    Aufsatz zusammengefasst, der für alle neueren Darstellungen dieses
    Themas grundlegend geblieben ist und dem auch wir in unseren Aus-
    führungen gefolgt sind.
    Lillos Drama. Wie stark bei Lillo das bürgerliche Selbstbewusstsein
    ausgeprägt ist, zeigen die Ausführungen über die Bedeutung seines Be-
    rufs, die er einen Londoner Kaufmann in seinem Stück entwickeln
    lässt – in engem Anschluss an einen Aufsatz von Addison, dem großen
    Vorkämpfer des Bürgertums und seiner gesellschaftlichen Ansprüche
    im 18. Jahrhundert.
    Lessings „Miss Sara Sampson". Den Untertitel kann Lessing jetzt von
    Gottsched übernehmen, der inzwischen in der vierten Auflage seiner
    Poetik von 1751 die neue Gattung als „bürgerliches Trauerspiel" be-
    schrieben hatte.

98 *Diderot* (1713–1784). „Der erste große Schriftsteller der modernen
    demokratischen Gesellschaft", der neben seinen bürgerlichen Dra-
    men vor allem durch seine Arbeit an der Enzyklopädie und durch
    seine kunstkritischen Schriften auch in Deutschland bekannt wurde.
    Goethe übersetzte den Prosadialog „Rameaus Neffe" (ein Sittenbild
    der Pariser Bohême) und zwei Kapitel aus seinem „Versuch über die
    Malerei", die er mit kritischen Anmerkungen versehen hat, während
    Lessing außer den Dramen („Der natürliche Sohn" und „Der Haus-
    vater", französisch ersch. 1757 und 1758) auch Diderots dramatische
    Abhandlungen ins Deutsche übertrug. – 1780 erschien „Der deut-
    sche Hausvater" von Schillers Landsmann, dem Freiherrn Otto von
    Gremmingen, eine freie Bearbeitung des Dramas von Diderot. Schil-
    ler hat dieses deutsche Familienschauspiel sehr geschätzt. Einige Mo-
    tive daraus wiederholen sich sehr ähnlich in „Kabale und Liebe".
    Sturm und Drang. Von den bürgerlichen Schauspielen dieser Bewe-
    gung – dem Lustspiel „Der Hofmeister" von Jakob Michael Rein-
    hold Lenz (ersch. 1774 – Hamburger Leseheft Nr. 168) und den bei-

den Dramen von Heinrich Leopold Wagner: „Die Reue nach der Tat" von 1775 und „Die Kindermörderin" von 1776 – wurden für Schiller wichtig die beiden Stücke von Wagner. Von der sonstigen Dramenliteratur des „Sturm und Drang": „Julius von Tarent" (1776) von Johann Anton Leisewitz und „Das leidende Weib" (1775) von Friedrich Maximilian Klinger.

Auch der Moderoman aus der Nachfolge des „Werther", von Schillers Landsmann Martin Miller, „Sigwart, eine Klostergeschichte", von 1776 hat Spuren in Schillers Drama hinterlassen.

Die Bedeutung der Dramen Lessings und Shakespeares wird ersichtlich aus den in unseren Anmerkungen nachgewiesenen Stellen. Dasselbe gilt für den Sprachstil Klopstocks.

Mercier. Merciers Schrift „Du théâtre ou nouvel essai sur l'art dramatique" von 1773 wurde 1776 von Heinrich Leopold Wagner ins Deutsche übertragen.

Auch der junge Schiller kennt Merciers Abhandlung. Das zeigt sein Vortrag „Vom Wirken der Schaubühne auf das Volk" (später ersch. unter dem Titel „Die Schaubühne als moralische Anstalt"), den er bald nach der Aufführung von „Kabale und Liebe" in Mannheim gehalten hat. Der in dem folgenden Zitat entwickelte Gedanke von der Schaubühne als Richterstuhl ist sicher durch Mercier angeregt, verliert bei Schiller aber durch die weiteren Betrachtungen seine Einseitigkeit und Ausschließlichkeit, mit der sie der rein sozialkritisch eingestellte Rousseauschüler Mercier ihn vertritt.

„Die Gerichtsbarkeit der Bühne fängt an, wo das Gebiet der weltlichen Gesetze sich endigt. Wenn die Gerechtigkeit für Gold verblindet und im Solde der Laster schwelgt, wenn die Frevel der Mächtigern ihrer Ohnmacht spotten und Menschenfurcht den Arm der Obrigkeit bindet, übernimmt die Schaubühne Schwert und Wage und reißt die Laster vor einen schrecklichen Richterstuhl."

ZUR TEXTGESTALTUNG

Die einzige von Schiller selbst veranstaltete Ausgabe des Dramas ist der erste Druck von 1784. Auf ihn geht auch die kritische Edition zurück, die 1957 im 5. Band der Weimarer Nationalausgabe von Schillers Werken erschienen ist. Zur Herstellung unseres Textes haben wir außerdem den von Max Hecker bearbeiteten 1. Band der im Insel Verlag erschienenen Großherzog Wilhelm Ernst Ausgabe zu Rate gezogen.

Die Rechtschreibung wurde behutsam den neuen amtlichen Regeln angeglichen. Bei Violoncello, Coram, Courage und Canaille haben wir das Z und K der Nationalausgabe durch C ersetzt. Luise steht bei uns auch im Personenverzeichnis in deutscher Schreibweise.

Altertümliche und mundartlich bedingte Wortformen wurden ebenso beibehalten wie Pluralbildungen, Artikel und Fälle, die von den neueren Regeln abweichen; wo es nötig erschien, verzeichnen unsere Anmerkungen solche Abweichungen. Für unsere Anmerkungen sind wir neben der Nationalausgabe auch älteren Ausgaben dankbar verpflichtet.